MÉTODO DE ESPAÑOL PARA JÓVENES

NIVEL 1
canal joven @
en español

SGEL

SOCIEDAD GENERAL ESPAÑOLA DE LIBRERÍA, S.A.

Primera edición: 2003

Produce: SGEL Educación
          Avda. Valdelaparra, 29
          28108 Alcobendas (Madrid)

© Isabel Santos
  Jesús Sánchez Lobato
  Isidoro Pisonero
  Raquel Pinilla, 2003

© Sociedad General Española de Librería, S.A., 2003
   Avda. Valdelaparra, 29 – 28108 Alcobendas (Madrid)

Coordinación editorial: Julia Roncero
Cubierta: Carla Esteban
Composición y maquetación: Érika Hernández
Fotos: Cordon Press y Archivo SGEL
Dibujos: Gabriel Flores

ISBN: 81-7143-988-3
Depósito Legal: M-20968-2003
Printed in Spain – Impreso en España

Fotomecánica: Negami, S.L.
Impresión: Orymu, SA
Encuadernación: Sigma, S.L.

Queda prohibida, salvo excepción prevista en la Ley, cualquier forma de reproducción, distribución, comunicación pública y transformación de esta obra sin contar con autorización de los titulares de propiedad intelectual. La infracción de los derechos mencionados puede ser constitutiva de delito contra la propiedad intelectual (Art. 270 y ss. Código Penal): El Centro Español de Derechos Reprográficos (www.cedro.org) vela por el respeto de los citados derechos.

ÍNDICE

Presentación		4
Contenidos		6
Unidad 0	*Para Empezar*	9
Unidad 1	*Conociendo gente*	15
Unidad 2	*Perdone, ¿para ir a...?*	23
Unidad 3	*¿Cómo eres?*	31
Unidad 4	*¿Sí? ¿Dígame?*	39
Tarea 1	*Intercambio con un hispanohablante*	47
Unidad 5	*¡Está de moda!*	51
Unidad 6	*¡Déjame el boli, porfa!*	59
Unidad 7	*¿Por qué no...?*	67
Unidad 8	*¿Qué tal te ha salido el examen?*	75
Tarea 2	*Preparar un viaje de fin de curso*	83
Unidad 9	*¿Recuerdas cómo os conocisteis?*	87
Unidad 10	*Iba a llamarte ahora mismo*	95
Unidad 11	*Pues no fue tan buena como pensaba*	103
Unidad 12	*Podríamos hacer algo interesante, ¿no?*	111
Tarea 3	*Realizar un programa de televisión*	119
Textos grabados		123
Glosario		128

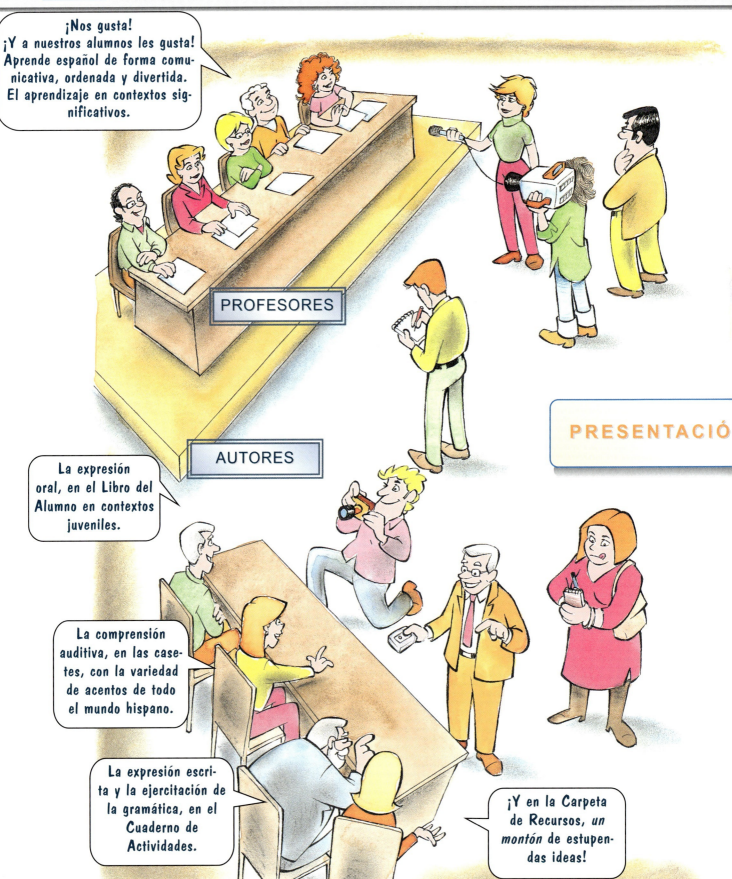

Índice de contenidos

UNIDAD ÁREA TEMÁTICA	EN CONTEXTO	COMUNICACIÓN	PALABRAS... Y GRAMÁTICA	NUESTRO MUNDO
PARA EMPEZAR				
UNIDAD 1 *Conociendo gente*	En el Instituto (el *Insti*). En la Secretaría. En una agencia de *canguros*.	Saludar. Decir el nombre. Deletrear. Presentar a alguien. Decir la nacionalidad, el teléfono y el curso. Expresar ignorancia.	*¡Hola!, ¡Buenas!, ¡Buenos días!*, etc. *¿Cómo?, ¿de dónde?, ¿cuál?* Presente de los verbos en -AR: *hablar*. *Llamarse, ser, saber*. Masculino/femenino. Números 1-10. Países, idiomas, nacionalidades.	Interculturalidad y tolerancia.
UNIDAD 2 *Perdone, ¿para ir a...?*	En un edificio. En la calle.	Expresar la existencia de algo. Preguntar/indicar la ubicación de un lugar/objeto. Expresar una secuencia. Preguntar y decir la hora. Despedirse.	*¿Dónde?* *Está/hay*. Verbos en -ER: *aprender*. *Un, una, unos, unas*. *El, la, los, las*. *Primero, después, y finalmente...* La hora. Los días de la semana. Las asignaturas.	Lugares de una ciudad.
UNIDAD 3 *¿Cómo eres?*	En una fiesta.	Felicitar. Presentar a alguien. Entregar un regalo. Describir el físico y el carácter de las personas. Identificar a alguien en un grupo.	*Ser* + adjetivo. *Llevar* + sustantivo. *Este, ese, aquel* *Muy, bastante* + adjetivo. Números 20-30. Meses. *Tener* + sustantivo.	Gente famosa.
UNIDAD 4 *¿Sí? ¿Dígame?*	Al teléfono.	Responder al teléfono. Preguntar por alguien. Pedir/dar información sobre los deberes. Dejar un recado. Hablar de acciones habituales.	*¿Sí? ¿Dígame? ¿Está...? ¿Se puede poner..., por favor?* *Tener que* + infinitivo. *Es que* + presente. *Dígale que* + presente. *Normalmente, todos los días, a veces* + presente. Verbos en -IR.	Acciones habituales.
TAREA 1	Intercambio con un hispanohablante.			

Índice de contenidos

UNIDAD ÁREA TEMÁTICA	EN CONTEXTO	COMUNICACIÓN	PALABRAS... Y GRAMÁTICA	NUESTRO MUNDO
UNIDAD 5 *¡Está de moda!*	En unos grandes almacenes. En los multicines "Diversia". En un bar.	Preguntar y decir el precio. Pedir algo en una tienda. Expresar gustos y preferencias. Pedir en un bar. Hablar de la moda.	*¿Cuánto cuesta/vale?* Verbos e →ie: *querer*. Verbo *gustar*. *Lo, la, los, las*. Verbo *poner: me/nos pone*. *Se lleva/no se lleva*. Ropas y colores. Números 20-100.	Hábitos de consumo.
UNIDAD 6 *¡Déjame el boli, porfa!*	En casa de un amigo. En un restaurante. En clase. En el metro.	Pedir algo: objetos y acciones. Conceder y negar algo. Pedir permiso. Expresar finalidad. Dar una excusa.	Imperativo afirmativo regular. Imperativos irregulares. *¿Puedes/podrías* + infinitivo? *Estar* + gerundio.	¿Eres buen/a internauta?
UNIDAD 7 *¿Por qué no...?*	En el patio del colegio. En un concierto.	Hacer y proponer un plan. Aceptar y rechazar un plan. Expresar gustos y preferencias. Hablar de planes futuros. Dejar un mensaje en el contestador automático.	*¿Y si...?, ¿por qué no...?, ¿qué te parece si...?* *¡Vale! ¡Claro! No, no puedo. Mejor ...* *Preferir*. *Ir + a* + infinitivo. Futuro simple. *Estoy pensando en* + infinitivo.	Ocio y aficiones de la juventud actual.
UNIDAD 8 *¿Qué tal te ha salido el examen?*	En la biblioteca. En una academia de idiomas. En un albergue juvenil.	Hablar de acciones y experiencias recientes. Expresar gustos y opiniones. Presentar excusas y dar explicaciones.	*Hoy, esta mañana, esta semana, este fin de semana, alguna vez, nunca*, etc. Pretérito perfecto. Participios irregulares. Pronombres *me, te, le (se), nos, os, les (se)*. *Ya / todavía no*. *Me ha parecido. / Me ha gustado*.	Gustos de los jóvenes.

TAREA 2 Preparar un viaje de fin de curso.

Índice de contenidos

UNIDAD / ÁREA TEMÁTICA	EN CONTEXTO	COMUNICACIÓN	PALABRAS... Y GRAMÁTICA	NUESTRO MUNDO
UNIDAD 9 *¿Recuerdas cómo os conocisteis?*	En Reclamación de Equipajes en el aeropuerto. En la residencia de estudiantes. En la oficina Erasmus.	Narrar hechos o acontecimientos en el pasado. Recordar algo que ocurrió en el pasado.	Marcadores temporales. Pretérito Indefinido. Algunos pretéritos irregulares.	Viajar.
UNIDAD 10 *Iba a llamarte ahora mismo*	En una agencia de trabajo temporal. En una ONG. En un casting. En un cibercafé.	Hablar de costumbres. Expresar la intención de hacer algo. Dar excusas y explicaciones en el pasado. Describir hechos del pasado. Hablar de nuestro *currículum vitae*.	Pretérito imperfecto. Pretéritos imperfectos irregulares. Contraste imperfecto/presente (*antes/ahora*). *Soler* + infinitivo. *Hace...* [+ periodo de tiempo] *que* + presente.	ONG y voluntariado.
UNIDAD 11 *Pues no fue tan buena como pensaba*	En un bar. En el parque.	Contar algo sucedido en el pasado. Describir algo en el pasado. Expresar decepción. Decir cuántas veces en la vida hemos hecho algo. Decir cuándo fue la última vez que hicimos algo.	Contraste perfecto / indefinido / imperfecto. Usos del imperfecto. Marcadores del relato.	Países y lugares más visitados.
UNIDAD 12 *Podríamos hacer algo interesante, ¿no?*	En casa de un amigo. En el gimnasio del Instituto. En la agencia de viajes *Mundo Joven*.	Hacer propuestas sugerentes. Expresar preferencias. Aconsejar y ponerse en el lugar de otro.	Condicional. Condicionales irregulares. *¿Te/os gustaría/apetecería...?* *Podríamos* + infinitivo. *Yo, en tu lugar / Yo que tú* + condicional.	La defensa de un mundo en equilibrio: el punto de vista de Greenpeace.

TAREA 3   Realizar un programa de televisión.

TEXTOS GRABADOS

VOCABULARIO

Para empezar

1. Nos conocemos.

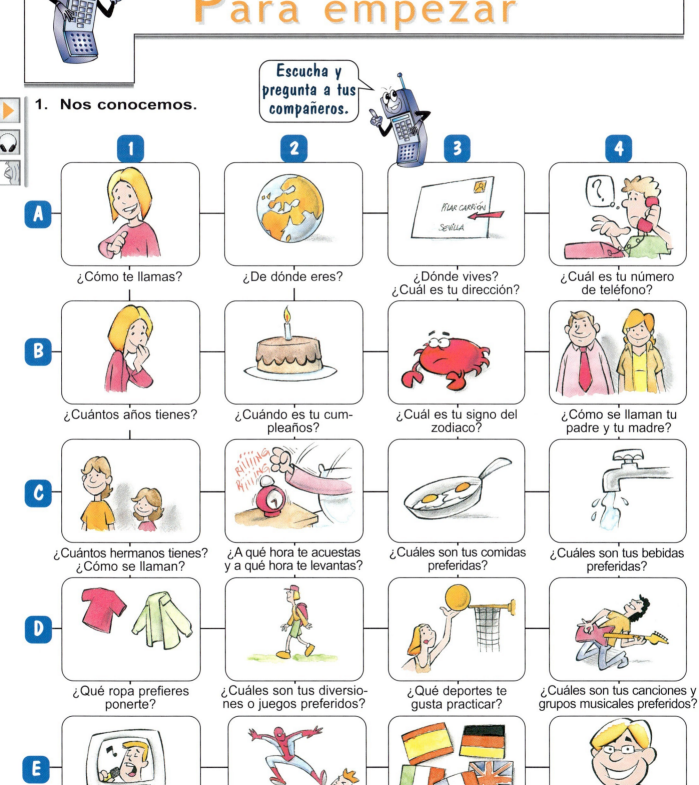

- A1. ¿Cómo te llamas?
- A2. ¿De dónde eres?
- A3. ¿Dónde vives? ¿Cuál es tu dirección?
- A4. ¿Cuál es tu número de teléfono?
- B1. ¿Cuántos años tienes?
- B2. ¿Cuándo es tu cumpleaños?
- B3. ¿Cuál es tu signo del zodiaco?
- B4. ¿Cómo se llaman tu padre y tu madre?
- C1. ¿Cuántos hermanos tienes? ¿Cómo se llaman?
- C2. ¿A qué hora te acuestas y a qué hora te levantas?
- C3. ¿Cuáles son tus comidas preferidas?
- C4. ¿Cuáles son tus bebidas preferidas?
- D1. ¿Qué ropa prefieres ponerte?
- D2. ¿Cuáles son tus diversiones o juegos preferidos?
- D3. ¿Qué deportes te gusta practicar?
- D4. ¿Cuáles son tus canciones y grupos musicales preferidos?
- E1. ¿Cuáles son tus programas de televisión preferidos?
- E2. ¿Qué películas te gustan más?
- E3. ¿Qué lenguas hablas?
- E4. ¿Cómo es tu mejor amigo/a?

Escucha y pregunta a tus compañeros.

Concurso

2. Concurso "¿Qué sabes del mundo hispano?"

Se puede realizar en grupos, en parejas o individualmente.

> Por cada nombre de país, comida, etc. 1 punto. Gana el grupo, la pareja o la persona que consiga más puntos.

Países donde se habla español:
1. COMIDAS
2. ANIMALES
3. MONUMENTOS
4. DEPORTES
5. BEBIDAS
6. BAILES
7. PERSONAS
8. CANCIONES
9. PAISAJES
10. OBJETOS

A
paella
ceviche
arepas
tostones

B
llama
iguana
toro
jaguar

C
zumo de naranja
coca-cola
café
mate

D
Jennifer López
Ricky Martin
Raúl

E
La Giralda
Pirámide de Palenque
Ruinas de Machu Picchu

F
fútbol
baloncesto
tenis

G
flamenco
tango

H
Guantanamera

I
Los Andes
La Pampa
playa de Marbella

J
sombrero mexicano
guitarra
maracas
castañuelas

10 diez

Concurso

3. Concurso sobre América.

Se puede realizar en grupos, en parejas o individualmente.

Por cada respuesta correcta, 3 puntos (3, totalmente correcta; 2 parcialmente; 1, si hay algo correcto). Gana el grupo, la pareja o la persona que consiga más puntos.

1 Nombres de países que empiezan por C. ¿En cuál de ellos se habla español?

2 Los dos ríos más grandes de América. ¿En qué países están?

3 ¿Cuántos países hay en América Central? ¿Cómo se llaman?

4 ¿Cuál es el país más grande de América del Sur? ¿Qué lengua se habla en él?

5 ¿Qué países forman parte de América del Norte? ¿Qué lenguas se hablan en ellos?

6 En una isla hay dos países. Uno es Haití. ¿Cuál es el otro?

7 ¿Con qué países tiene frontera Colombia?

8 ¿Cuál es la isla más grande del Mar Caribe?

9 ¿En qué océano desemboca el río Amazonas?

10 ¿Por qué tres países pasa el ecuador? ¿Por qué ciudad?

11 ¿Cómo se llaman las montañas más importantes? ¿En qué países están?

12 ¿En qué países se habla español?

13 Tres animales de América.

14 Dos productos de América.

15 Dos prendas de vestir típicas de América.

16 Tres deportes practicados en América.

17 Dos paisajes bellos.

18 Dos espectáculos muy conocidos.

Concurso

4. Concurso sobre España.

Se puede realizar en grupos, en parejas o individualmente.

Por cada respuesta correcta, 3 puntos (3, totalmente correcta; 2 parcialmente; 1, si hay algo correcto). Gana el grupo, la pareja o la persona que consiga más puntos.

1 ¿Qué dos países forman la Península Ibérica?

2 ¿Cuántas Comunidades Autónomas hay en España?

3 Nombres de Comunidades Autónomas que empiecen por A. ¿Cuál es la más grande?

4 Nombre de cinco ciudades que empiecen por S. ¿Dónde se encuentran?

5 Las cinco ciudades más importantes.

6 Islas famosas por su buen clima y por su atracción turística.

7 Los tres ríos más grandes de España. ¿Por qué Comunidades Autónomas pasan?

8 Las montañas más importantes. ¿En qué Comunidades están?

9 ¿Sabes qué otras lenguas se hablan en España, además del español? ¿Dónde se hablan?

10 Cinco productos típicos españoles.

12 doce

Juega

5. Escucha y juega con el abecedario ilustrado.

0 Bla, bla, bla

6. Escucha y habla con tus compañeros.

> ¿Cómo se dice *Good Bye* en español?
< *Adiós*.

> ¿Puedes deletrear tu nombre, por favor?
< A-n-a.

¡Prestad atención!

> ¿Cómo se escribe *Arancha*?
< Con c y con h.

No he entendido bien. ¿Puedes repetir, por favor?

Abrid el libro por la página doce.

> ¿Puedo ir al servicio, por favor?
< Sí, por supuesto.

> ¿Qué significa *bromista*?
< Que divierte a otros con gracias.

¿Puedes hablar un poco más despacio?

Ejercicio número seis.

> ¿Me prestas tu calculadora?
< Sí, tómala.

Habla más alto, por favor. No te oigo.

Escribid la respuesta en el cuaderno de actividades.

¡Cierra la puerta, por favor!

http://www.Conociendo gente.es

Conociendo gente

COMUNICACIÓN
- Saludar
- Decir el nombre
- Deletrear
- Presentar a alguien
- Decir la nacionalidad, el teléfono y el curso
- Expresar ignorancia

EN CONTEXTO
- En el Instituto (el *Instí*)
- En la Secretaría
- En una agencia de *canguros*

PALABRAS... Y GRAMÁTICA
- ¡Hola!, ¡Buenas!, ¡Buenos días!, etc.
- ¿Cómo?, ¿de dónde?, ¿cuál?
- Presente de los verbos en -AR: *hablar*
- *Llamarse, ser, saber*
- Masculino/femenino
- Números 1-10
- Países, idiomas, nacionalidades

NUESTRO MUNDO
- Interculturalidad y tolerancia

quince 15

Bla, bla, bla

1. En acción.

En el Instituto

> Perdone...
< A ver, ¿cómo te llamas?
> Abeer Mohamed.
< ¿Abir?
> No, Abeer.
< ¿Me lo deletreas, por favor?
> A-B-E-E-R.
< Segundo curso. Aula 25.
> Gracias.
< ¡De nada!

> ¡Alberto! ¿Qué tal, hombre?
< Bien, ¿y el verano?
> ¡Genial! Mira, esta es Dunia. Es brasileña.
< Eres nueva, ¿eh?
> Sí, ¿qué tal?
< ¡Oye! ¿Y los otros?
> En la secretaría.

> ¡Hola, chicos! ¿Qué tal?
< Bien, bien.
> Este año, en tercero, ¿verdad?
< Yo repito curso.
> ¡Vaya, hombre! ¡Lo siento!

> ¡Oye! Este año hay muchos alumnos nuevos, ¿no?
< Sí, mira, esa chica es de Túnez.
> Hummm..., ¿cómo se llama?
< No lo sé.
> ¿Y en qué clase está?
< ¡Ni idea!

¡Y ahora, tú!

Para hablar a un desconocido	¡Perdone...
Para llamar la atención de un conocido (informal)	¡Eh! ¡Oye! ¡Tú!
Para expresar agradecimiento	¡Gracias!
Para responder al agradecimiento	¡De nada! ¡Nada, nada!
Para introducir una presentación	Mira, te presento a...
Para expresar alegría	¡Genial! ¡Estupendo! ¡Guay!
Para expresar tristeza	¡Vaya! ¡Lo siento!
Para expresar ignorancia	¡No lo sé! ¡Ni idea!

16 dieciséis

Perdona, ¿qué dices?

2. Escucha en qué aula están estos alumnos y toma nota.

NOMBRE	APELLIDOS	AULA
Alberto	García García	
María	Sánchez Varela	
Pilar	Fauste López	
Cristina	López González	
Roberto	Pérez González	
Teresa	Santos López	
Juan	García Sánchez	
Francisco	Jiménez Jiménez	
David	Rodríguez Puente	
Laura	Alonso Domínguez	

En el ámbito hispánico las personas suelen tener dos apellidos: el primero es el del padre; el segundo, el de la madre.

Los números

1	uno
2	dos
3	tres
4	cuatro
5	cinco
6	seis
7	siete
8	ocho
9	nueve
10	diez

3. ¿Me das tu número de teléfono?

¿Tu número de teléfono, por favor?

1.
2.
3.
4.
5.

4. Vas a escuchar a varios jóvenes diciendo cuál es su nacionalidad. Toma nota.

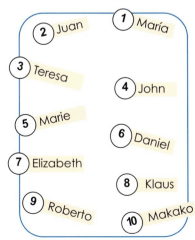

1) María
2) Juan
3) Teresa
4) John
5) Marie
6) Daniel
7) Elizabeth
8) Klaus
9) Roberto
10) Makako

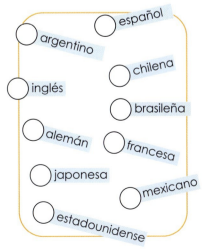

○ español
○ argentino
○ chilena
○ inglés
○ brasileña
○ alemán
○ francesa
○ japonesa
○ mexicano
○ estadounidense

Esquema Gramatical

MASCULINO
-o
el alumn**o**

FEMENINO
-a
la alumn**a**

-e
-consonante
el nombr**e**
la nacionalida**d**

diecisiete 17

¡Empieza la función!

5. Elige el saludo más adecuado para cada una de estas situaciones.

INFORMAL
¡Hola!
¡Buenas!
¿Qué tal?
¿Qué hay?

FORMAL
¡Buenos días!
¡Buenas tardes!
¡Buenas noches!

6. Es el primer día de curso y todos queremos saber tu nombre.

INFORMAL (tú)
> ¿Cómo te llamas?
< (Me llamo) Juan.

FORMAL (usted)
> ¿Su nombre, por favor?
< Juan Sánchez Pérez.

En Argentina y zonas próximas se utiliza *vos*, en vez de *tú*. *Ustedes* por *vosotros* es de uso general en toda Hispanoamérica.

Esquema Gramatical

LLAMARSE

(yo)	me llamo	
(tú)	te llamas	(vos) te llamás/llamas
(él, ella, usted)	se llama	
(nosotros, nosotras)	nos llamamos	
(vosotros, vosotras)	os llamáis	(ustedes) se llaman
(ellos, ellas)	se llaman	

¡Empieza la función!

7. ¿Puedes deletrearlo, por favor?

INFORMAL
> Isabel.
< ¿Puedes deletrearlo, por favor?
> I-S-A-B-E-L
< ¿Izabel?
> No, Isabel, con "ese".

FORMAL
> Su nombre, por favor.
< Laura Domínguez.
> ¿Puede deletrearlo, por favor?
< D-O-M-Í-N-G-U-E-Z
> Gracias.

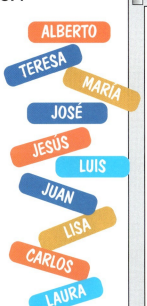

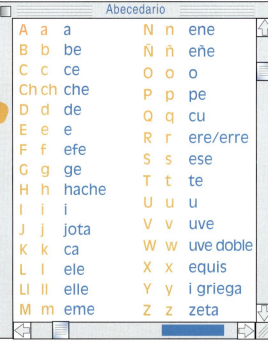

Abecedario

A	a	a	N	n	ene
B	b	be	Ñ	ñ	eñe
C	c	ce	O	o	o
Ch	ch	che	P	p	pe
D	d	de	Q	q	cu
E	e	e	R	r	ere/erre
F	f	efe	S	s	ese
G	g	ge	T	t	te
H	h	hache	U	u	u
I	i	i	V	v	uve
J	j	jota	W	w	uve doble
K	k	ca	X	x	equis
L	l	ele	Y	y	i griega
Ll	ll	elle	Z	z	zeta
M	m	eme			

8. Hoy en día, nuestras aulas son multiculturales y todos queremos saber cuál es tu nacionalidad. ¿Puedes relacionar los países y las nacionalidades?

INFORMAL
> ¡Oye! ¿De dónde eres?
< De París, soy francés, ¿y tú?

FORMAL
> Perdone, ¿de dónde es usted?
< De Otawa, soy canadiense.

Esquema Gramatical
SER
soy
eres (vos) sós
es
somos
sois (ustedes) son
son

ESPAÑA	canadiense
INGLATERRA	taiwanés/a
ALEMANIA	japonés/a
FRANCIA	español/a
ITALIA	brasileño/a
PORTUGAL	inglés/a
GRECIA	mexicano/a
MARRUECOS	marroquí
ESTADOS UNIDOS	estadounidense
CANADÁ	argentino/a
MÉXICO	francés/a
ARGENTINA	neerlandés/a
CHINA	italiano/a
BRASIL	alemán/a
JAPÓN	griego/a
TAIWÁN	chino/a
PAÍSES BAJOS	portugués/a

diecinueve 19

¡Empieza la función!

9. Nuestra sociedad es multicultural y multilingüe, son muchas las culturas y las lenguas.

INFORMAL
> ¿Qué idiomas hablas?
< Inglés y un poco de español. ¿Y tú?
> Portugués, inglés y español.

FORMAL
> ¿Qué idiomas habla?
< Pues hablo español, francés y árabe.

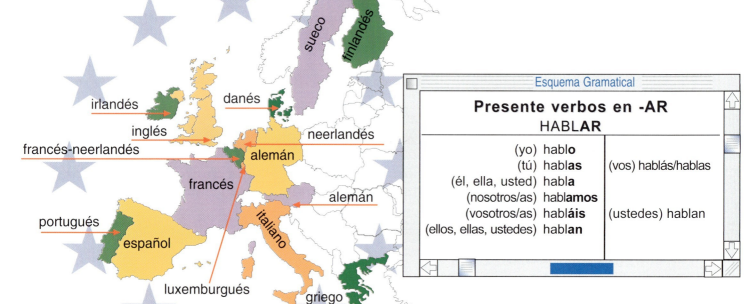

Esquema Gramatical

Presente verbos en -AR
HABLAR

(yo)	habl**o**	
(tú)	habl**as**	(vos) hablás/hablas
(él, ella, usted)	habl**a**	
(nosotros/as)	habl**amos**	
(vosotros/as)	habl**áis**	(ustedes) hablan
(ellos, ellas, ustedes)	habl**an**	

Idiomas en el mapa: sueco, finlandés, irlandés, danés, inglés, neerlandés, francés-neerlandés, alemán, francés, alemán, portugués, español, italiano, luxemburgués, griego.

10. ¿Por qué no completas tus datos personales para obtener el Carné Joven y tu Abono de Transportes?

¡Empieza la función!

11. Te presentamos a algunos personajes del mundo hispano. Relaciona las descripciones con las fotografías.

1 Soy andaluz y trabajo como cantante. Mi mujer se llama Jaydy Mitchell y es modelo.

2 Soy cantante y vivo en Miami, aunque viajo por todo el mundo. Mi padre también es muy famoso.

3 Vengo del país de la comida picante y de los mariachis y soy cantante.

4 Soy de Madrid, pero ahora vivo en Estados Unidos. Tengo 28 años y trabajo como actriz.

12. ¿Quieres un dinero extra para tus gastos? ¿Por qué no vas a la *Agencia de Canguros* y das tus datos personales?

AGENCIA DE CANGUROS
busca
JÓVENES
para cuidar a niños por las tardes y por las noches.

c/ del Zoo, 6. 28040 Madrid
http://www.canguros.es

NOMBRE:
APELLIDOS:
EDAD:
TELÉFONO:
CORREO ELECTRÓNICO:
NACIONALIDAD:
IDIOMAS:

veintiuno 21

Nuestro mundo

El significado de los nombres

¡Adivina quién es quién!

Nombres	Origen	Significado	Rasgos de la personalidad
A. ITZIAR (vasca, española)	Del euskera	Altura frente al mar	Impulsiva y con gran sentido de la libertad.
B. ALEXIA (griega)	Del griego	Protegida, defendida	Creativa y emotiva.
C. ALÍ (marroquí)	Del árabe	Alto y excelso	De gran energía física y psíquica.
D. ERIKA (alemana)	Del germánico	Reina	Amante del orden, altruista.
E. AMANDA (británica)	Del latín	Digna de ser amada	De gran creatividad, intuitiva e inteligente.
F. BORIS (ruso)	Del ruso	Guerrero	Amante de la ley y del orden, muy apasionado.
G. DAVID (estadounidense)	Del hebreo	El elegido de Dios	Observador e ingenioso, muy sentimental.
H. FÁTIMA (egipcia)	Del árabe	Doncella joven	Amante de la concordia y la armonía. Preocupada por la ecología.
I. GERARD (francés)	Del germánico	Fuerte con la lanza	De gran sentido práctico, leal a sus principios.
J. KAREN (sueca)	Del danés	Pura, inmaculada	Amante de la paz y la armonía. No le gustan los cambios.
K. ROBERTO (brasileño)	Del germánico	Famoso	Amante de la higiene y limpieza y de las aventuras.
L. GIOVANNI (italiano)	Del hebreo	Dios es misericordioso	Pragmático y justo. Le gusta ayudar a la gente.

Nombres afectivos en español

Chicos

Alex (Alejandro)   Paco (Francisco)
Chus (Jesús)   Pepe (José)
Dani (Daniel)   Quique (Enrique)
Guille (Guillermo) Rafa (Rafael)
Nacho (Ignacio)   Santi (Santiago)

Chicas

Charo (Rosario)   Montse (Montserrat)
Concha (Concepción)   Paquita (Francisca)
Lola (Dolores)   Pili (Pilar)
Menchu (Carmen)   Tere (Teresa)
Merche (Mercedes)   Yoli (Yolanda)

http://www.Perdone, ¿para ir a...?.es

Perdone, ¿para ir a...?

COMUNICACIÓN

- ❏ Expresar la existencia de algo
- ❏ Preguntar/indicar la ubicación de un lugar/objeto
- ❏ Expresar una secuencia
- ❏ Preguntar y decir la hora
- ❏ Despedirse

EN CONTEXTO

- ❏ En un edificio
- ❏ En la calle

PALABRAS... Y GRAMÁTICA

- ❏ ¿Dónde?
- ❏ Está/hay
- ❏ Verbos en -ER: aprender
- ❏ Un, una, unos, unas
- ❏ El, la, los, las
- ❏ Primero, después, y finalmente...
- ❏ La hora
- ❏ Los días de la semana
- ❏ Las asignaturas

NUESTRO MUNDO

- ❏ Lugares de una ciudad

1. Perdone, ¿para ir a...?
2. ¿Tiene hora, por favor?
3. Perdone, ¿hay un cajero por aquí?
4. Perdona, ¿hay un metro cerca?

Y tú, ¿qué dices?

A. Sí, son las seis y media.
B. Sí, al final de la calle, a la izquierda.
C. Mire, primero..., luego... y finalmente...
D. Sí, la primera a la derecha.

veintitrés 23

2 — Bla, bla, bla

1. En acción.

En el Instituto

> Perdone, profesor, ¿hay prácticas de pronunciación esta semana?
< Sí, el jueves a las doce.
> ¿Y dónde está el laboratorio de idiomas?
< Pues... en la cuarta planta, al lado de la biblioteca.
> ¡Vale! ¡Hasta luego!
< ¡Adiós!

> ¡Oye! ¿Hay un cajero automático por aquí cerca?
< Pues no lo sé, yo también soy nuevo.
> Bueno, gracias.
< Pregunta al conserje.
> ¡Buena idea!

> Perdone, ¿un cajero automático?
< Sí, en la primera calle a la izquierda.
> ¡Muchas gracias!

> ¡Oye! ¿Dónde está la sala de informática?
< En la cuarta planta, al lado de la biblioteca.
> ¿Y el servicio de reprografía?
< ¿La fotocopiadora?
> Sí.
< No, aquí no hay.
> ¡Vaya!

En la calle

> Perdonen, ¿para ir al museo de Arte Contemporáneo?
< ¿Tienes un plano de la ciudad?
> Sí.
< Mira, sigues la Gran Vía todo recto, en la tercera calle tuerces a la derecha y allí está.
> Gracias..., y ¿tienen hora?
< Son las doce y media.
> ¡Uff... llego tarde! ¡Muchísimas gracias!
< ¡Nada, nada!

¡Y ahora, tú!

Para terminar una conversación
Para iniciar una explicación
Para ganar tiempo en una conversación
Para preguntar la hora
Para preguntar por la existencia de algo
Para negar la existencia de algo
Para expresar agradecimiento
Para responder a un agradecimiento
Para despedirse

Bueno, gracias.
Mira...
¿Hay un / una...?
¿Tiene hora, por favor?
Pues... / ¿Eh?
No, aquí no hay.
¡Adiós! ¡Hasta luego!
¡Gracias! ¡Muchísimas gracias!
¡De nada! No hay de qué. ¡Nada, nada!

24 veinticuatro

Perdona, ¿qué dices?

2. Escucha y toma nota de las actividades que puedes realizar fuera del horario escolar. Después elige las que prefieras.

ACTIVIDADES EXTRAESCOLARES	Lunes	Martes	Miércoles	Jueves	Viernes	Sábado	Domingo
Ballet	☐	☐	☐	☐	☐	☐	☐
Baloncesto	☐	☐	☐	☐	☐	☐	☐
Fútbol	☐	☐	☐	☐	☐	☐	☐
Gimnasia rítmica	☐	☐	☐	☐	☐	☐	☐
Informática	☐	☐	☐	☐	☐	☐	☐
Kárate	☐	☐	☐	☐	☐	☐	☐
Música	☐	☐	☐	☐	☐	☐	☐
Teatro	☐	☐	☐	☐	☐	☐	☐
Tenis	☐	☐	☐	☐	☐	☐	☐

3. Vas a escuchar un diálogo entre Teresa y Juan sobre el plan de trabajo para hoy. Toma nota de las clases que tienen.

4. Liliana es extranjera y acaba de llegar hoy a la ciudad. Indica en el plano cómo puede llegar a los lugares a los que necesita ir.

> Perdone, ¿hay un cajero automático por aquí cerca?
< Sí, mire, hay uno al final de esta calle, siga todo recto.
> Gracias.
< ¡De nada, de nada!

> Perdone, ¿un buzón?
< Sí, siga todo recto, y en la primera calle, a la derecha.
> Gracias.
< ¡No hay de qué!

> ¡Oye!, ¿sabes dónde hay un cibercafé?
< Sí, hay uno en la plaza de los Estudiantes.
> ¿Y dónde está la plaza?
< Bueno, sigue todo recto y coge la tercera a la derecha, al final está la plaza. Y en la plaza está el cibercafé.
> ¡Muchas gracias!

"¡No hay de qué!"

¡Empieza la función!

5. Eres nuevo en el Instituto y en el barrio, ¿verdad? Pues... pregunta lo que necesitas saber.

INFORMAL
> Perdona, ¿un teléfono público/fotocopiadora?
> ¡Oye!, ¿hay un teléfono público (por aquí) cerca?
< Sí, (hay uno/una) en...

FORMAL
> Perdone, ¿dónde hay un banco/ una parada de autobús? ¿hay un banco (por aquí) cerca?
< No lo sé, lo siento.

Pregunta a tu compañero/a si estás cerca de...

- ❏ un banco
- ❏ una boca de metro
- ❏ una parada de autobús
- ❏ un cibercafé
- ❏ un quiosco
- ❏ un restaurante
- ❏ un buzón

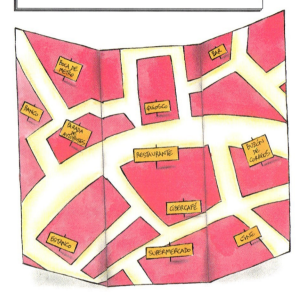

 a la derecha
 a la izquierda
 entre ... y ...
 al lado de...
 en la esquina

6. Mark ha llegado a la ciudad y quiere ir al Museo de Arte Contemporáneo, ¿por qué no ordenas el diálogo con tu compañero/a?

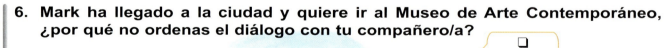

❏ Sí...

❏ Perdone, ¿para ir al museo de Arte Contemporáneo?

❏ Gracias

❏ ¿A la derecha...?

❏ ¡No hay de qué!

❏ Coge la Gran Vía, y sigue recto hasta la Plaza Mayor.

❏ Sí, y allí está el museo.

❏ Luego cruza la plaza y tuerce por la primera calle a la derecha hasta el final de la manzana.

¡Empieza la función!

7. Aquí tienes el plano del Metro de Madrid. Estás en la Plaza de Colón. Pregunta a tu compañero/a cómo ir a los siguientes lugares.

En países de Hispanoamérica (Argentina, etc.) utilizan *tomar* en lugar de *coger*.

- Museo del Prado (Banco de España)
- Parque de El Retiro (Retiro)
- Rastro de Madrid (Tirso de Molina)
- Jardín Botánico (Atocha)
- Librería Casa del Libro (Callao)
- Plaza Mayor (Sol)

Esquema Gramatical

Presente verbos en -ER

COGER

(yo)	cojo	
(tú)	coges	(vos) cogés/coges
(él, ella, usted)	coge	
(nosotros/as)	cogemos	
(vosotros/as)	cogéis	(ustedes) cogen
(ellos, ellas, ustedes)	cogen	

Primero...
Luego...
Después...
Finalmente...

Coge la línea 4 dirección...

En... cambia a la línea 5, dirección Aluche.

Bájate en la estación de...

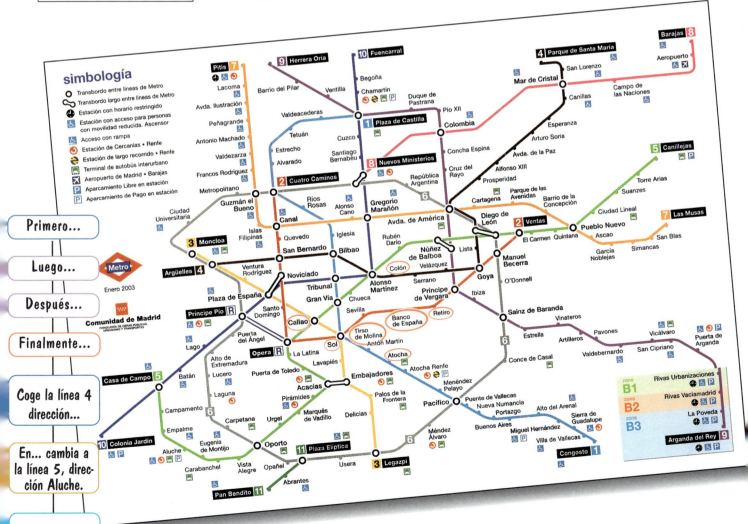

veintisiete 27

2. ¡Empieza la función!

8. ¿Conoces bien el lugar donde estudias? Pregunta a tu compañero/a.

> ¿Dónde está el laboratorio de idiomas?
< (Está) en la cuarta planta.
> Gracias.
< ¡De nada!

Esquema Gramatical

ESTAR
estoy
estás   (vos) estás
está
estamos
estáis   (ustedes) están
están

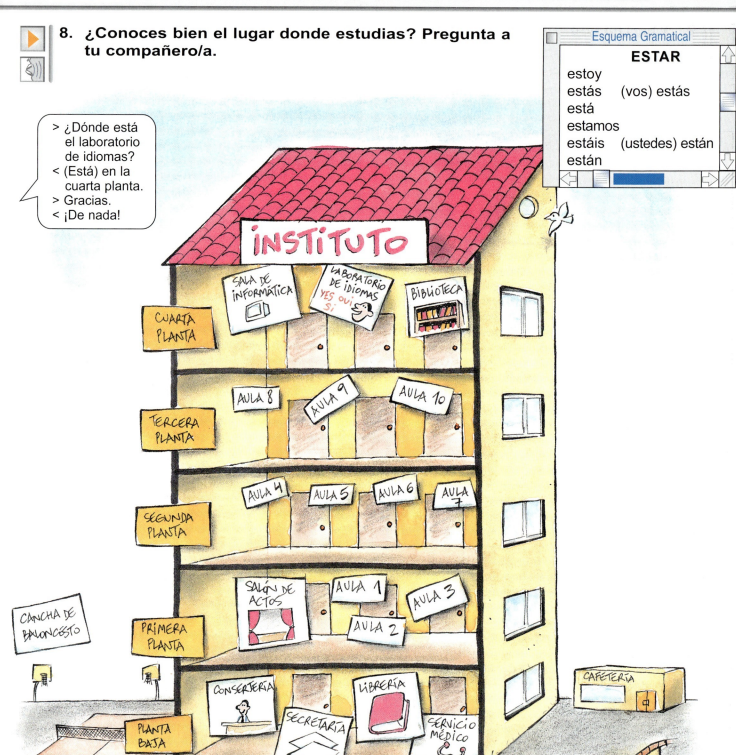

¡Empieza la función!

9. Y tú, ¿en qué curso estás? Lee la información sobre el sistema educativo español.

> ¿En qué curso estás?
< En segundo (curso) de ESO, ¿y tú?
> Yo repito primero.

EDAD	SISTEMA EDUCATIVO ESPAÑOL	
6	1º Primaria	
7	2º Primaria	
8	3º Primaria	EDUCACIÓN
9	4º Primaria	PRIMARIA
10	5º Primaria	
11	6º Primaria	
12	1º Secundaria	EDUCACIÓN
13	2º Secundaria	SECUNDARIA
14	3º Secundaria	OBLIGATORIA
15	4º Secundaria	(ESO)
16	1º Bachillerato	ENSEÑANZA
17	2º Bachillerato	SECUNDARIA NO OBLIGATORIA

Esquema Gramatical

Presente verbos en -IR

REPETIR

(yo)	repit**o**	
(tú)	repit**es**	(vos) repetís/repites
(él, ella, usted)	repit**e**	
(nosotros/as)	repet**imos**	
(vosotros/as)	repet**ís**	(ustedes) repit**en**
(ellos, ellas, ustedes)	repit**en**	

primera planta
primer curso
tercera planta
tercer curso
segunda planta
segundo curso
cuarta planta
cuarto curso

Los números

11	once
12	doce
13	trece
14	catorce
15	quince
16	dieciséis
17	diecisiete
18	dieciocho
19	diecinueve
20	veinte

10. ¿Qué hora es?

¿Tiene hora, por favor?

en punto
menos cuarto
y cuarto
y media

11. Aquí tienes el horario para esta semana, ¿cuál es tu asignatura preferida?

Los lunes, los martes, los miércoles...

	LUNES	MARTES	MIÉRCOLES	JUEVES	VIERNES
9.00	Ética	Matemáticas	Ética	Matemáticas	Informática
10.00	Dibujo	Lengua	Lengua	Lengua	Informática
11.00	RECREO	RECREO	RECREO	RECREO	RECREO
11.30	Ciencias Naturales	Ciencias Sociales	Ciencias Naturales	Ciencias Sociales	Ciencias Naturales
12.30	COMIDA	COMIDA	COMIDA	COMIDA	COMIDA
13.00	Idiomas	Proyectos	Idiomas	Proyectos	Idiomas
14.00	Gimnasia	Música	Gimnasia	Música	Dibujo

> ¿A qué hora hay Matemáticas?
> ¿Y qué días?
> ¿A qué hora es el recreo?
> ¿Todos los días?

< A las nueve.
< Los martes y los jueves.
< A las once.
< Sí.

2. Nuestro mundo

12. Lugares a los que vas.

¿Adónde vas, si quieres...?

—Voy al Ayuntamiento
  a una farmacia
  a un supermercado

A. Comprar pasteles
B. Comprar medicinas
C. Pasear
D. Ir de viaje a otro país
E. Tomar café
F. Ver una exposición de pintura
G. Presentar una denuncia
H. Ver un partido de fútbol
I. Rezar
J. Comprar un libro
K. Comprar el periódico
L. Ver una película
M. Ver a un amigo enfermo
N. Comer con la familia o los amigos fuera de casa
Ñ. Comprar fruta
O. Nadar
P. Tomar un batido de fresa
Q. Leer libros
R. Comprar carne
S. Ver muchos animales
T. Hacer la compra
U. Comprar muchas cosas en un solo lugar
V. Ir de viaje a otra ciudad próxima
X. Buscar alojamiento para una noche
Y. Echar una carta
Z. Comprar pescado
a. Hacer ejercicio
b. Ver una obra de teatro
c. Divertirte en el agua
d. Recoger moras o setas

http://www.¿Cómo eres?.es

3

¿Cómo eres?

COMUNICACIÓN
- ❏ Felicitar
- ❏ Presentar a alguien
- ❏ Entregar un regalo
- ❏ Describir el físico y el carácter de las personas
- ❏ Identificar a alguien en un grupo

EN CONTEXTO
- ❏ En una fiesta

PALABRAS... Y GRAMÁTICA
- ❏ *Ser* + adjetivo
- ❏ *Llevar* + sustantivo
- ❏ *Este, ese, aquel*
- ❏ *Muy, bastante* + adjetivo
- ❏ Números 20-30
- ❏ Meses
- ❏ *Tener* + sustantivo

NUESTRO MUNDO
- ❏ Gente famosa

1. Mira, éste/ésta es...
2. ¡Felicidades!
3. Toma, es para ti.

Y tú, ¿qué dices?

A. ¿Para mí? ¡Gracias! A ver... ¿qué es?
B. ¡Hola! ¿Qué tal?
C. ¡Gracias!

treinta y uno

3   Bla, bla, bla

1. En acción.

En una fiesta

> ¡Felicidades, Cris!
< ¡Gracias! ¿Y esto?
> Es para ti.
< A ver, a ver qué es… Es genial, el último disco compacto de Geri Halliwel, gracias.

> ¡Hola, Cristina! ¡Felicidades!
< Gracias.
> Toma, es para ti.
< ¿Para mí? ¿Qué es?
> ¡Ah...!

> Mira, ésta es Nadia, es compañera del Instituto.
< ¡Hola! ¿Qué tal? Gracias por invitarme.
< Gracias a ti por venir.

> ¡Oye! ¿Quién es ese chico?
< ¿El que lleva vaqueros negros...?
> Sí.
< Pues... es el nuevo entrenador de baloncesto.
> ¡Ah!
< Es muy atractivo, ¿no?
> Bueno… No está mal. Y la chica que está a su lado, ¿quién es?
> Su novia.
< ¡Vaya! ¡Qué mala suerte!

> ¡Qué estilazo tiene ese tío!
< ¿Quién?
> El que tiene perilla y está cerca de la barra…
< ¿Quién? ¿El que lleva una cazadora negra?
> Sí, ése.
> ¿Te lo presento?
< ¿Le conoces?
> Claro, tonta, es mi hermano.
< ¿Tu hermano? ¿Me tomas el pelo?

¡Y ahora, tú!

Para felicitar

Para entregar un regalo

Para presentar a alguien

Para identificar a alguien en un grupo

Para mostrar aprobación

Para expresar duda

¡Felicidades!

¡Toma, es para ti!

(Mira,) éste/ésta es…/ Te presento a…

¡Claro! ¡Por supuesto!

El que/ la que + lleva, está, tiene..

Bueno…

Perdona, ¿qué dices?

2. Vas a escuchar varios diálogos. Indica a qué tipo de celebración corresponde cada uno.

A una fiesta de fin de curso

B una fiesta de cumpleaños

C una boda

Y ahora, indica en qué situación utilizamos las siguientes expresiones:

¡Felicidades! ¡Enhorabuena! ¡Vivan los novios! ¡Que se besen, que se besen! Toma, es para ti. ¡Feliz cumpleaños!

3. Sara y Marta están en el Salón de Actos del instituto, pero no conocen a todos los profesores. Escucha e identifica a los profesores.

¡Es un hueso!

¡Jo, qué rollo!

4. Alfonso y Carlos están en un bar y hablan de la nueva novia de Carlos.

Nombre:
Edad:
Nacionalidad:
Curso:
Carácter:

treinta y tres 33

¡Empieza la función!

5. Quieres que todos conozcan a tu chico/a, ¿por qué no se lo/la presentas en las siguientes situaciones? Dramatízalas con un compañero/a.

INFORMAL
> Mira, éste/a es...
< ¡Hola! (¿Qué tal?)

FORMAL
> Mire, éste/a es... Le presento a...
< Mucho gusto. ¡Encantado/a!

Bodas de Plata de tus padres.

Cumpleaños de un amigo.

Te encuentras por la calle con tu profesor de Matemáticas.

En la cola del cine te encuentras con la directora del instituto.

Esquema Gramatical
SINGULAR
masculino / femenino
este / esta
ese / esa
aquel / aquella

PLURAL
masculino / femenino
estos / estas
esos / esas
aquellos / aquellas

EN ESPAÑA	EN HISPANOAMÉRICA
aquí acá	acá
ahí allá	allá
allí	

6. Os encanta hacer regalos, ¿verdad? Pues... elige un regalo para las personas que te proponemos.

INFORMAL
> ¡Felicidades! Toma, es para ti.
< Gracias... A ver qué es...

FORMAL
> Tenga, es para usted, de parte de todos los alumnos.
< ¡Muchas gracias!

1 A tu hermano/a de 15 años, por su cumpleaños.

2 A tu profesora de español, por su jubilación.

3 A tu novio/a el día de San Valentín.

4 A tu madre, en el Día de la Madre.

5 A tu padre, por su cumpleaños.

¡Empieza la función!

7. ¿Y cómo es tu chico o tu chica ideal?

ES...
alto,-a / bajo,-a / de mediana estatura
gordo,-a / delgado,-a / de complexión media
rubio,-a / moreno,-a / pelirrojo,-a
calvo
simpático,-a / antipático,-a
alegre / serio,-a
educado,-a / maleducado,-a
divertido,-a / aburrido,-a
ordenado,-a / desordenado,-a
atractivo,-a / guapo,-a (guapetón,-a) / feo,-a
realista / soñador,-a

TIENE...
el pelo largo / corto / media melena
         rizado / liso / ondulado
         negro / castaño / rubio / con mechas

los ojos negros / marrones / verdes / azules
gafas
barba / perilla
dieciséis años

Esquema Gramatical

TENER
tengo
tienes   (vos) tenés/tienes
tiene
tenemos
tenéis   (ustedes) tienen
tienen

8. Elige a un famoso y deja que tu compañero/a lo adivine.

¿En quién piensas?

¿Es la que tiene el pelo largo y rubio?

BRAD PITT · RICKY MARTIN · BRITNEY SPEARS · CRISTINA AGUILERA · ENRIQUE IGLESIAS · JENNIFER ANISTON · JULIA ROBERTS · ALEJANDRO SANZ

¡Empieza la función!

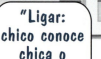

"Ligar: chico conoce chica o viceversa"

9. ¿Qué tipo de chico/a te gusta?

 líder

 rebelde

 empollón/a

 ligón/a

1 En la clase te sientas al lado de...
a) un chico/a guapo/a. (→3)
b) tus amigos/as. (→2)

2 El primer día de curso...
a) llegas tarde. (→5)
b) estás muy guapo/a. (→3)

3 En clase...
a) ligas y haces amigos. (→4)
b) aprendes y estudias. (→7)

4 El primer día de clase llevas...
a) unos vaqueros. (→8)
b) una minifalda (ella) y un chaleco (él). (→6)

5 Eres un chico/a...
a) tímido y callado. (→6)
b) divertido y original. (→9)

12 Escribes tu declaración de amor en...
a) la pizarra. (→13)
b) su carpeta. (→14)

13 Te gustan los profesores/as guapos/as...
a) ¡Claro! (→15)
b) ¡Me da igual! (→14)

14 Haces los deberes...
a) solo/a. TU CHICO/A ES EL/LA LÍDER
b) en grupo. TU CHICO/A ES EL/LA REBELDE

15 Para estar solo/a con él/ella...
a) ¿Estudiamos juntos? TU CHICO/A ES EL/ LA EMPOLLÓN/A
b) ¡Te invito al cine! TU CHICO/A ES EL/ LA LIGÓN/A

6 Vas a un bar...
a) para hablar con tus amigos/as. (→10)
b) para ligar. (→12)

11 Para ligar prefieres...
a) la biblioteca. (→12)
b) la cafetería. (→15)

10 Algunos famosos están en tu clase, prefieres a...
a) Josh Harnett/Julia Roberts. (→14)
b) Leo DiCaprio/ Britney Spears. (→15)

9 ¿Qué tipo de chico/a te gusta?
a) Rebelde y popular. (→14)
b) Tímido y cariñoso. (→12)

8 Para ligar...
a) dejas una nota. (→12)
b) pides su número de móvil. (→11)

7 ¿Quieres ser el/la delegado/a de curso...?
a) ¡Síiiii! (→9)
b) ¡Ni loco/a! (→13)

36 treinta y seis

¡Empieza la función!

10. ¿Por qué no buscas a tu *media naranja*?

> ¿Cuándo es tu cumpleaños?
< El 17 de junio, ¿y el tuyo?
> El 23 de febrero.

> ¿De qué signo del zodiaco eres?
< Soy Géminis.
> Pues los Géminis **se llevan bien con...**

> ¿Cómo son los Géminis?
< Pues los Géminis son inestables, generosos y encantadores.
> La verdad es que yo no soy nada inestable..., pero soy bastante...

ENERO
FEBRERO
MARZO
ABRIL
MAYO
JUNIO
JULIO
AGOSTO
SEPTIEMBRE
OCTUBRE
NOVIEMBRE
DICIEMBRE

ARIES (del 21-3 al 20-4)
Optimista Apasionado Sincero
Con Leo, Sagitario, Géminis y Acuario.

TAURO (del 21-4 al 20-5)
Simpático Discreto Introvertido
Con Virgo, Capricornio, Cáncer y Piscis.

GÉMINIS (del 21-5 al 21-6)
Inestable Generoso Encantador
Con Aries, Libra y Acuario.

CÁNCER (del 22-6 al 23-7)
Imaginativo Sensible Exigente
Con Tauro, Escorpio, Virgo y Piscis.

LEO (del 24-7 al 23-8)
Autoritario Seguro Disciplinado
Con Sagitario, Aries, Libra y Géminis.

VIRGO (del 24-8 al 23-9)
Moderado Ordenado Conformista
Con Tauro, Escorpio y Cáncer.

LIBRA (del 24-9 al 23-10)
Equilibrado Diplomático Irritable
Con Géminis, Leo y Acuario.

ESCORPIO (del 24-10 al 22-11)
Dinámico Espiritual Sincero
Con Piscis, Virgo y Leo.

SAGITARIO (del 23-11 al 22-12)
Conversador Tacaño Aventurero
Con Aries, Acuario, Libra y Leo.

CAPRICORNIO (del 23-12 al 20-1)
Trabajador Constante Tranquilo
Con Tauro, Virgo y Escorpio.

ACUARIO (del 21-1 al 19-2)
Individualista Imaginativo Perezoso
Con Géminis, Sagitario y Aries.

PISCIS (del 20-2 al 20-3)
Tímido Indeciso Serio
Con Tauro, Cáncer y Escorpio.

3 Nuestro mundo

11. El juego de los famosos.

Selecciona un personaje en secreto. Tu compañero/a va a intentar adivinar tu personaje haciendo preguntas sobre su aspecto físico, carácter, aficiones o profesión. Cuando acierte, eres tú quien deberá adivinar el personaje que tu compañero/a seleccione.

1. Jennifer López, Enrique Iglesias, Gloria Estefan, Ricky Martin

2. Antonio Banderas, Penélope Cruz, Liam Neeson, Gwyneth Paltrow

3. Martina Hingis, Luis Figo, Marion Jones, Michael Schumacher

4. Kofi Annan, Fidel Castro, Yasir Arafat, Sofía, Reina de España

5. Mickey Mouse, Alicia en el país de las maravillas, Tarzán de los monos, Don Quijote

4

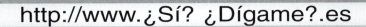

¿Sí? ¿Dígame?

EN CONTEXTO
- Al teléfono

COMUNICACIÓN
- Responder al teléfono
- Preguntar por alguien
- Pedir / dar información sobre los deberes
- Dejar un recado
- Hablar de acciones habituales

PALABRAS... Y GRAMÁTICA
- ¿Sí? ¿Dígame?
- ¿Está...? ¿Se puede poner..., por favor?
- Tener que + infinitivo
- Es que + presente
- Dígale que + presente
- Normalmente, todos los días, a veces + presente
- Verbos en -IR

NUESTRO MUNDO
- Acciones habituales

treinta y nueve 39

4 Bla, bla, bla

1. En acción.

Al teléfono

> ¿Sí? ¿Dígame?
< ¡Hola! ¿Está David, por favor?
> Sí, un momento, ¿de parte de quién?
< Soy Alfonso...
> ¡Ah, hola! Espera un momentito, ahora se pone.
< ¡Vale! Gracias.
> ¡¡¡David!!! ¡Al teléfono! ¡Es Alfonso!
* ¡Ya voy!

> ¿Dígame?
< ¿Se puede poner la señora Ramírez, por favor?
> Sí, soy yo.
< ¡Hola, buenas noches! Soy la señora Melián, la madre de David Santos...
> ¡Hola! ¿Qué tal?
< Verá, es que este fin de semana David celebra su cumpleaños y nos gustaría...

> ¿Sí?
< ¡Hola, Cris!
> ¡Hola! ¿Qué hay?
< Pues... ¿tienes los apuntes de la clase de Historia?
> No, los de Historia no.
< ¡Vaya! ¡Qué lata!
> Llama a Teresa, seguro que los tiene...
< Ya... Bueno, ¡oye!, ¿qué tenemos que hacer para la clase de Sociales?
> Pues...

> ¿Dígame?
< ¿Está Luis, por favor?
> Sí, un momento.
< ¿Sí?
> Soy Pedro, tío, ¡oye!, ¿qué planes tienes para el "finde"?
< Pues, este fin de semana tengo que estudiar para el examen de Matemáticas...
> ¡Jo, tío, qué rollo!
< Ya...

¡Y ahora, tú!

Para responder al teléfono	¿Sí? ¿Dígame?
Para preguntar por alguien	¿Está...? / ¿Se puede poner..., por favor?
Para preguntar quién llama	¿De parte de quién?
Para seguir la conversación	Ya...
Para expresar fastidio	¡Qué lata! ¡Vaya lata!
Para expresar aburrimiento	¡Qué rollo! ¡Vaya rollo!
Para dirigirse a un amigo/a de manera muy coloquial	Tío, tía.
Para hablar del fin de semana de manera coloquial	El "finde".

Perdona, ¿qué dices? 4

2. Escucha las conversaciones telefónicas e indica si las siguientes informaciones son verdaderas o falsas.

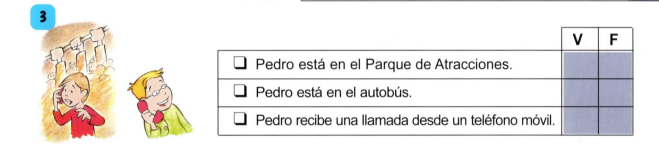

1

	V	F
❏ María llama por teléfono a Laura.		
❏ Laura está enferma y no se puede poner.		
❏ María llamará más tarde.		

2

	V	F
❏ Cris habla con Teresa.		
❏ Teresa no se puede poner porque está enferma.		
❏ Cris va a la bolera este fin de semana.		

3

	V	F
❏ Pedro está en el Parque de Atracciones.		
❏ Pedro está en el autobús.		
❏ Pedro recibe una llamada desde un teléfono móvil.		

3. Luisa ha estado enferma toda la semana. Escucha una conversación entre Luisa y Cristina y toma nota de lo que tiene que hacer Luisa para la próxima semana.

"¡Y que te mejores!"

4. Vas a escuchar el contestador automático de Madrid es Joven, de la Comunidad de Madrid. Toma nota de los números telefónicos para obtener información sobre...

- Becas
- Carné joven
- Actividades deportivas
- Excursiones juveniles
- Cursos de idiomas
- Conciertos
- Cine
- Teatro

cuarenta y uno 41

¡Empieza la función!

5. En general los jóvenes hablamos mucho por teléfono, con los amigos, con la pareja... Lee las opiniones de estos jóvenes y da la tuya.

Pues, sí, cuando vuelvo del Instituto, normalmente llamo a mi mejor amiga y hablamos de las clases, de los chicos, de ropa, en fin, de todo un poco.
Cristina, España, 14 años

La verdad es que desde que tengo teléfono móvil mando muchísimos mensajes... Unos veinte cada día.
Klaus, Alemania, 15 años

Como mi padre trabaja desde casa, tenemos conexión a Internet durante todo el día y, cuando me deja, me conecto y chateo con gente de todo el mundo. Tengo amigos en Estados Unidos, en Brasil, en Japón...
Natalia, México, 15 años

Nosotros no estamos conectados a Internet en casa, así que, casi todos los días voy a la Sala de Informática del Instituto y desde allí recibo y envío mi correo.
Claudia, Italia, 16 años

Mi madre dice que hablo mucho por teléfono, pero ella también habla todos los días con la abuela, con mis tías y con sus amigas...
Zsuzsana, Hungría, 13 años

Esquema Gramatical

VERBOS EN -AR
HABLAR
hablo
hablas
habla
hablamos
habláis
hablan

VERBOS EN -ER
VER
veo
ves
ve
vemos
véis
ven

VERBOS EN -IR
ESCRIBIR
escribo
escribes
escribe
escribimos
escribís
escriben

6. Además de hablar por teléfono, seguro que haces otras cosas en tu tiempo libre. Indica si haces estas actividades todos los días y contrasta con tu compañero/a.

Expresar acciones habituales
Normalmente
Casi siempre
Muchas veces
Todos los días
Todos los + lunes, martes...
A veces

		Tú	Tu compañero/a
1.	Hablar por teléfono		
2.	Ver la televisión		
3.	Hacer deporte		
4.	Chatear		
5.	Navegar por Internet		
6.	Hacer los deberes		
7.	Estar con tu pareja (si la tienes)		
8.	Enviar correo electrónico		
9.	Ayudar en casa		
10.	Salir con los amigos		

¡Empieza la función!

7. Aquí tienes algunas conversaciones telefónicas desordenadas, ¿por qué no las ordenas con tu compañero/a?

INFORMAL
> ¿Está María, por favor?
< Sí, ahora se pone, un momentito.

FORMAL
> ¿Se puede poner la Sra. Martínez, por favor?
< Un momento, por favor.

- ¿Sí? ¿Dígame?
- ¿Le digo algo de tu parte?
- ¿De parte de quién?
- ¡Hola, Andrea! Soy la madre de Corinne. Ahora no está.
- ¡Muy bien! ¡Hasta luego!
- Soy Andrea.
- ¡Hasta luego y gracias!
- ¿Está Corinne, por favor?
- Sí, dígale que llamo más tarde.
- Bueno, pues...

- Entonces el miércoles a las 11.00 h. ¿Le parece bien?
- Pues, dígame su nombre, por favor.
- ¿Es usted paciente suyo?
- Consulta del doctor Vilanova, ¿en qué puedo ayudarle?
- Muy bien... Vamos a ver... ¿Podría ser el martes por la tarde?
- ¿Puede deletrearme el apellido, por favor?
- Muy bien, entonces hasta el miércoles a las once.
- No, es la primera vez...
- ¡Perfecto!
- Mark Philips...
- Quisiera pedir una cita con el doctor...
- Claro, P-H-I-L-I-P-S, Philips.
- No, por la tarde no puedo.
- ¡Adiós! ¡Gracias!

- ¿Para qué día?
- Teatro Real, ¿en qué puedo ayudarle?
- Cuatro entradas para el sábado por la tarde..., sólo tengo en la fila cinco.
- ¡Perfecto! Puede recogerlas en la taquilla.
- Muy bien, ¿me puede dar el número de su tarjeta de crédito y su nombre, por favor?
- Veamos... ¿Cuántas entradas quería?
- Para la función del sábado por la tarde.
- Cuatro, por favor.
- Laura Casado, y el número es 4400 5678 9521 8134 y caduca el 11 del 2005.
- Es demasiado cerca, pero de acuerdo.
- Sí, muchas gracias.
- ¡Buenos días! Quería reservar unas entradas.

cuarenta y tres   43

¡Empieza la función!

8. Entre todos, vamos a organizar una fiesta hispana en la clase. Vamos a ver qué cosas hay que hacer y, después, cada grupo se encargará de una de ellas.

TENER QUE + INFINITIVO
> ¡Ufff…! Esta semana tengo que hacer mil cosas.
< Sí, yo también tengo muchas cosas que hacer esta semana.

Obligación personal

HAY QUE + INFINITIVO
> ¡Ufff…! ¡Qué cantidad de cosas hay que hacer!
< Pues sí, tienes razón.

Obligación impersonal

ACCIONES

- Decidir el día.
- Adornar la clase.
- Buscar la receta de comidas y bebidas típicas.
- Comprar vasos, platos de plástico y servilletas de papel.
- Buscar un aparato de música e instrumentos típicos que sepáis tocar.
- Seleccionar música hispana.

SUGERENCIAS

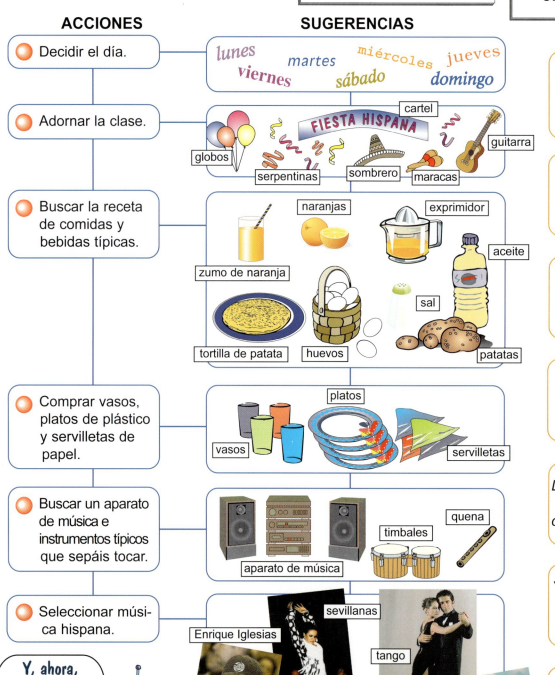

Yo prefiero el sábado, porque... tenemos más tiempo.

A mí me gustan mucho...

Yo puedo traer...

A mí me gusta más...

Las arepas son muy ricas, pero son difíciles de preparar.

Yo sé tocar un poco la guitarra.

No sé bailar el tango, pero creo que bailar salsa es fácil.

Y, ahora, anota qué tienes que hacer tú para la fiesta.

44 cuarenta y cuatrro

¡Empieza la función!

9. Juego de las Llamadas de Teléfono.

Cada vez que tires tus dados, puedes llamar al compañero/a que quieras, pero recuerda que tienes que realizar la llamada que coincida con el número que sumen tus dados.

12. Reserva una entrada para ver una película el sábado, a las 4 de la tarde, en el cine Kinépolis.

1. Llamas a un amigo/a que no está en casa. Su madre anota tu mensaje.

2. Tu amigo/a está en casa. Coge el teléfono su padre y te lo pasa.

3. Invita a un amigo/a a tu fiesta de cumpleaños, mañana a las 6. Te dice que no podrá ir porque está enfermo.

4. Concierta una cita con un amigo/a el próximo miércoles, por la tarde, en tu casa, para preparar juntos el examen del jueves.

5. La persona a la que llamas está durmiendo. Deja un mensaje.

6. La persona a la que llamas está de excursión. Llamarás otro día.

7. Quieres hablar con tu amigo/a, pero... El número es incorrecto.

8. Quieres ver hoy a tu amigo pero no puede, porque está resfriado.

9. Concierta una cita. Tú prefieres el sábado, por la mañana. Tu amigo/a sólo puede a las 5 de la tarde del domingo.

10. La persona a la que llamas no se puede poner ahora, porque está en el baño. Llamarás otra vez en media hora.

11. Tu amigo/a está en casa. Descuelga el teléfono su hermano y te lo pasa.

cuarenta y cinco 45

Nuestro mundo

10. Encuesta sobre acciones habituales.

Realizad una encuesta en la clase sobre el tiempo medio que dedicáis de lunes a viernes y durante el fin de semana a cada una de ellas.

 Lavarse-ducharse-bañarse

 Ayudar en casa

 Ver la tele

 Ir al cine

 Estudiar

 Leer

 Hablar por teléfono

 Escuchar música

 Asistir a clase

 Ir de compras

 Jugar con vídeo-juegos

 Ir a una discoteca/a un concier[to]

 Comer

 Salir con los amigos

 Chatear en Internet

 Ir a un museo

 Desplazarse (a pie, en autobús, en coche...)

Hacer deporte

 Escribir cartas o mensajes por correo electrónico

Ir de excursión

46 cuarenta y seis

http://www.Intercambio con un hispanohablante.es

Intercambio con un hispanohablante

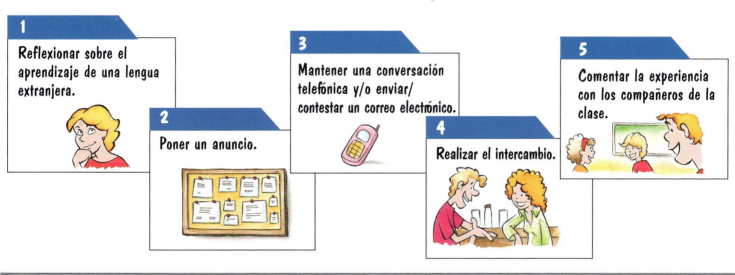

1

Reflexionar sobre el aprendizaje de una lengua extranjera.

1. Cuando aprendemos una lengua, realizamos tareas y algunas nos gustan más que otras, ¿verdad? Son estrategias y procedimientos que utilizamos para aprender. Indica cuáles son tus preferencias.

		☺	☹
1.	La gramática es muy importante, por eso me gusta estudiarla y aprender todas las excepciones.	❑	❑
2.	Los ejercicios de repetición de estructuras y vocabulario son muy positivos para fijar las estructuras.	❑	❑
3.	Escuchar canciones me ayuda a aprender.	❑	❑
4.	Me gusta aprender el vocabulario y las nuevas expresiones por el contexto.	❑	❑
5.	El diccionario es muy útil para comprobar siempre el significado de las palabras que aprendo.	❑	❑
6.	Cuando leo un texto, busco el significado de todas las palabras que no entiendo.	❑	❑
7.	Chatear por Internet con otros hispanos es interesante y divertido.	❑	❑
8.	Me gusta ver películas en versión original.	❑	❑
9.	Repito mentalmente las conjugaciones de los verbos hasta memorizarlos.	❑	❑
10.	Las actividades de expresión oral en parejas o pequeños grupos son muy útiles.	❑	❑
11.	Necesito ver escrito todo lo que aprendo.	❑	❑
12.	Escribir redacciones y otros textos me ayuda a fijar las estructuras.	❑	❑
13.	A veces leo la prensa hispana a través de Internet.	❑	❑
14.	Tengo una libreta en la que apunto todas las palabras y expresiones nuevas.	❑	❑
15.	Pregunto en clase todo lo que no entiendo.	❑	❑

http://www.Intercambio con un hispanohablante.es

2. Una lengua no se aprende exclusivamente en clase. Piensa ahora en otras actividades que puedes hacer para mejorar tu español. Piensa en tu ciudad y en las posibilidades que te ofrece.

3. Estos jóvenes han tenido la oportunidad de hacer un intercambio. Lee sus opiniones y piensa tú en otras razones por las que hacer un intercambio con un hispanohablante podría ser una buena experiencia.

> Se llama Pedro y es argentino. Tiene 15 años y su padre trabaja en una empresa de importación. Quedamos los viernes y vamos a un café o damos una vuelta y hablamos español.
> Françoise, 15 años, Toulouse

> Todos los sábados viene a mi casa a jugar al tenis conmigo y con mi hermana. Después charlamos, bueno, platicamos, como dice él, porque es de México y allí dicen platicar en lugar de hablar. Me gusta mucho estar con él porque tenemos gustos parecidos.
> Lisa, 14 años, Inglaterra

> Hago un intercambio con la hija de una amiga de mi madre. Tiene 16 años y vive aquí desde hace unos meses. No conoce a mucha gente y, por eso, le gusta salir conmigo y con mis amigas. Y a mí me encanta hablar en español con ella.
> Yoko, 15 años, Japón

> La persona con la que realizo el intercambio tiene 18 años y estudia Arte en la universidad. Es mayor que yo y guapísimo. Nos vemos los sábados en un cibercafé que está cerca de mi casa, y creo que me estoy enamorando de él. Se llama Luis y es español.
> Catalina, 15 años, Brasil

4. ¿Estás decidido a realizar un intercambio? Si no es así, ¿por qué?

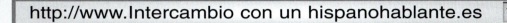 http://www.Intercambio con un hispanohablante.es

2
Poner un anuncio.

5. Lo primero es redactar tu anuncio... ¿Qué mensaje quieres transmitir? ¿Cómo realizarás el contacto: por teléfono, o por correo electrónico? Fíjate en los modelos que te ofrecemos.

¿Quieres conocerme?
Busco Hispano para un intercambio
laura@terra.es

Estudiante de español
busca a joven interesado en intercambio de idiomas.
Tel: 609 23 45 67
(Laurentine)

¿Eres joven y te gusta charlar en mi idioma?
Yo también soy joven y quiero practicar mi español.
Busco intercambio
hans@wanadoo.es

6. Ahora, es importante decidir dónde vas a colocar el anuncio. ¿Dónde se estudian idiomas en tu ciudad? ¿Qué publicaciones leen los jóvenes extranjeros que viven en tu localidad?

3
Mantener una conversación telefónica y/o enviar/contestar un correo electrónico.

7. Y, ahora, vamos a esperar la llamada de teléfono. Vamos a recordar los recursos para la conversación telefónica y, después, vamos a practicar algunas situaciones que podrían ocurrir.

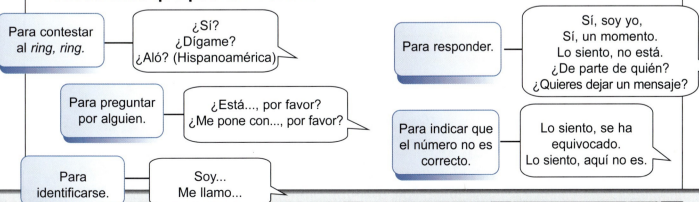

http://www.Intercambio con un hispanohablante.es

8. Tienes varios mensajes en el buzón de voz de tu móvil y varios correos, ¿cómo vas a contestar a estas propuestas?

> Me llamo María y quiero tener un intercambio. Mi teléfono es el 609278900.

> ¡Hola! Soy Marco, de Buenos Aires y estoy interesado en un intercambio contigo. Me gusta la música moderna y la informática. ¡Ah, tengo 16 años! Estoy libre los miércoles y los viernes por la tarde. Espero tu correo.
> Marco

> ¡Hola! Me llamo Cristina y soy de Portugal, pero hablo muy bien el español porque mi padre es argentino. Estoy interesada en un intercambio. Mi número de móvil es el 609 11 22 44. Llámame a cualquier hora o mándame un mensaje.

> ¡Genial! Yo también quiero tener un intercambio contigo. Me llamo Mario y soy de Guinea Ecuatorial. Estudio en la Escuela Oficial de Idiomas y conozco a muy poca gente. ¿Nos vemos pronto?
> Mario

9. Para concertar una cita, el verbo que necesitas es quedar... Sólo tienes que concretar cuándo, a qué hora, dónde y... qué vas a llevar para identificarte.

¿CUÁNDO quedamos?

- El + día de la semana
- No, mejor el...
- Prefiero el...
- No, el ..., no puedo. Tengo que hacer gimnasia rítmica

¿A QUÉ HORA quedamos?

A las...

¿DÓNDE quedamos?

En...

¿QUÉ llevarás?

Llevaré...

4
Realizar el intercambio.

10. Esta tarde vas a conocer a esa persona con la que has hablado por teléfono o por correo electrónico, ¿estás listo/a? ¿Has pensado de qué vas a hablar? ¿Qué le vas a decir sobre ti mismo/a? Prepárate y ¡buena suerte!

5
Comentar la experiencia con los compañeros de la clase.

11. Bueno... ¿qué tal? ¿Repetirías la experiencia? Cuéntaselo a tus compañeros.

- ¿Cuánto tiempo lleva aquí?
- ¿Qué le gusta?
- ¿Cómo se llama?
- ¿De dónde es?
- ¿Practica algún deporte?
- ¿Dónde vive su familia?
- ¿Habla otros idiomas?
- ¿Tiene hermanos?
- ¿Adónde le gusta ir?
- ¿Qué hace en esta ciudad?
- ¿Cuántos años tiene?
- ¿Cómo es?
- ¿Qué tipo de música prefiere?

5

http://www.¡Está de moda!.es

¡Está de moda!

COMUNICACIÓN
- ❏ Preguntar y decir el precio
- ❏ Pedir algo en una tienda
- ❏ Expresar gustos y preferencias
- ❏ Pedir en un bar
- ❏ Hablar de la moda

EN CONTEXTO
- ❏ En unos grandes almacenes
- ❏ En los multicines Diversia
- ❏ En un bar

PALABRAS... Y GRAMÁTICA
- ❏ ¿Cuánto cuesta/vale?
- ❏ Verbos e > ie: querer
- ❏ Verbo gustar
- ❏ Lo, la, los, las
- ❏ Verbo poner: me/nos pone
- ❏ Se lleva / no se lleva
- ❏ Ropas y colores
- ❏ Números 20-100

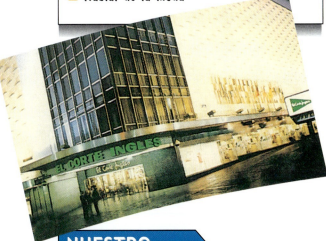

NUESTRO MUNDO
- ❏ Hábitos de consumo

cincuenta y uno 51

5 Bla, bla, bla

1. En acción.

En unos grandes almacenes

> ¡Hola! ¿En qué puedo ayudarte?
< Quiero un jersey negro...
> ¿De qué talla?
< La 42.
> Aquí tienes tres modelos.
< Me gusta este... ¡Me lo llevo!
> Ven a la caja. ¿Cómo lo vas a pagar?
< En efectivo.

> ¡Llegas tarde!
< Ya..., lo siento, es que...
> ¡Venga! ¡Oye, qué vaqueros tan chulos llevas!
< ¡Están de moda! Y son de Zara...
> ¿Y los tienen en otros colores?
< Creo que los tienen en negro, en marrón y en gris.
> ¿Y cuánto cuestan?
< 25 euros.
> ¡Pues esta tarde me los compro! ¡Me gustan mucho!

En los multicines Diversia

> ¡Hola!
< ¡Hola! Queremos dos entradas, por favor.
> ¿Para qué película?
< Para *Harry Potter*.
> ¿Qué fila queréis?
< La ocho o la nueve.
> Muy bien, dos entradas para la fila ocho.
< ¿Cuánto es?
> Ocho euros, por favor.
< Aquí tiene.

En un bar

> ¡Hola! ¿Qué os pongo?
< Nos pone dos cervezas, una coca-cola y... A ver... ¡Luis! ¿Qué quieres tú?
* ¿Qué?
< Que qué quieres tomar.
* Una caña...
> Entonces, ¿tres cañas y una coca-cola?
< ¡Sí, gracias!

¡Y ahora, tú!

Para ofrecer ayuda en una tienda	¿En qué puedo ayudarte/le?
Para expresar un deseo o pedir algo	Quiero.../ Queremos...
Para pedir algo en un bar	Me pone... / Nos pone... / Una coca-cola, por favor.
Para preguntar el precio	¿Cuánto cuesta / vale?
Para preguntar el precio total	¿Cuánto es?
Para expresar gustos	Me gusta./ No me gusta.
Para expresar la forma de pago	Con tarjeta./ En efectivo.

Perdona, ¿qué dices?

 2. Escucha y numera las ilustraciones.

 3. Escucha el diálogo y señala si las afirmaciones son verdaderas o falsas.

	V	F
❏ Compran una falda negra.		
❏ La camisa cuesta 20 euros.		
❏ Pagan en efectivo.		

 4. Escucha e indica el precio de las siguientes cosas.

① ② ③ ④ ⑤

cincuenta y tres 53

5 ¡Empieza la función!

5. Estás en el Centro Comercial Diversia y tienes una lista de cosas que comprar. ¿En qué tienda puedes comprar cada una de ellas?

> ¿Sobres y sellos?

< Pues... en el estanco.

Lista de compras
- sobres y sellos
- un cuaderno
- unas zapatillas de deporte
- un *compact disc*
- la revista *Super Pop*
- una coca-cola y patatas fritas
- una caja de aspirinas
- una caja de bombones
- un ramo de flores
- un paquete de disquetes

En España, los comercios pequeños abren normalmente a las diez de la mañana y cierran a las dos; por la tarde, abren otra vez a las cinco y cierran, más o menos, a las ocho. Sin embargo, los grandes almacenes están abiertos desde las diez de la mañana hasta las ocho de la tarde. Las farmacias y los bancos tienen un horario especial. ¿Y en tu país?

Ahora, escribe tu lista y habla con tu compañero/a.

54 cincuenta y cuatro

¡Empieza la función!

6. ¡Vamos de compras! Quieres saber el precio de algunas cosas. Pregunta a tu compañero/a.

> ¿Cuánto cuesta un teléfono móvil?
> ¡Uf...! ¡Qué caro!

< Cien euros.

Alumno/a A

1. Un reloj
2. Un teléfono móvil
3. Unas zapatillas de deporte
4. Un compact disc
5. Unas gafas de sol
6. Una coca-cola
7. Un disco de DVD
8. Una mochila
9. Unos pantalones vaqueros
10. Una entrada para el fútbol

Alumno/a B

1. 90 euros
2. 100 euros
3. 60 euros
4. 20 euros
5. 50 euros
6. 80 céntimos
7. 30 euros
8. 80 euros
9. 35 euros
10. 25 euros

Los números	
20	veinte
30	treinta
40	cuarenta
50	cincuenta
60	sesenta
70	setenta
80	ochenta
90	noventa
100	cien

7. Seguimos de compras. Pregunta el precio de lo que te interese a tu compañero/a y realiza la compra.

Esas gafas cuestan 25 euros.

Muy bien. Me las llevo.

Alumno/a A

A. Un sujetador
B. Unos pantalones
C. Un jersey
D. Una falda
E. Un abrigo
F. Una cazadora
G. Una camiseta
H. Una camisa
I. Unos calcetines

Alumno/a B

A. 12 euros
B. 30 euros
C. 26 euros
D. 36 euros
E. 95 euros
F. 56 euros
G. 10 euros
H. 24 euros
I. 4 euros

Esquema Gramatical

LO
> **El bolso** cuesta 9 euros.
< ¡Me **lo** llevo!

LA
> Pues **esta falda** sólo cuesta 12 euros.
< ¡Genial! Me **la** llevo.

LOS
> **Los zapatos** cuestan 20 euros.
< ¡Me **los** llevo!

LAS
> **Las gafas** valen 27 euros.
< Son caras, pero me **las** llevo.

cincuenta y cinco 55

5 ¡Empieza la función!

8. ¡Ahora ya puedes ir tú solo/a de compras! Practica un poco más con tu compañero/a y sal de compras.

> ¿En qué puedo ayudarle?
> ¿El último?

< Quiero un disco compacto de Ricky Martin.
< Sí, por favor.

> ¿Cuánto cuesta esta camisa?
> ¡Me la llevo!

< 20 euros.

> Perdone, ¿cuánto valen estas gafas de sol?
> Gracias.

< 15 euros.

> ¿Tiene tarjetas telefónicas?

< No, lo siento.

> ¿Con tarjeta o en efectivo?

< Con tarjeta Visa.

Esquema Gramatical

VERBOS E>IE

QUERER
Quiero
Quieres
Quiere
Queremos
Queréis
Quieren

TENER
Tengo
Tienes
Tiene
Tenemos
Tenéis
Tienen

BUSCAR
Busco
Buscas
Busca
Buscamos
Buscáis
Buscan

Ahora, practica con tu compañero/a.

TÚ	TU COMPAÑERO/A
❑ Tienes 70 euros.	❑ Trabajas en una tienda de moda.
❑ Tienes la talla 40.	❑ Tienes ropa de las tallas 38-44.
❑ Necesitas unos pantalones y una camiseta.	❑ Tienes varios modelos de pantalones con distintos precios.
❑ Quieres unos pantalones negros y una camiseta blanca.	❑ No tienes camisetas blancas en la talla 40.
❑ Pagarás en efectivo.	❑ Los clientes pueden pagar con tarjeta de crédito o en efectivo.

TU COMPAÑERO/A	TÚ
❑ Puedes gastar sólo 100 euros.	❑ Trabajas en unos grandes almacenes.
❑ Quieres comprar regalos para tu padre (una corbata), para tu madre (un perfume) y para tu hermana (un disco de Jennifer López).	❑ Tienes corbatas de seda (50 euros) y de fibra (15 euros).
❑ Pagas con tarjeta de crédito.	❑ Los perfumes que vendes cuestan entre 20 euros (el más barato) y 50 euros (el más caro).
	❑ No tienes discos compactos pero sí casetes (15 euros).
	❑ Los clientes pueden pagar con tarjeta de crédito o en efectivo.

¡Empieza la función!

9. La moda: ¿se lleva o no se lleva? Encuesta a tus compañeros/as.

¡Está de moda!   ¡A la última!

¡REBAJAS!   ¡SUPER ORIGINAL!

En España las rebajas de invierno comienzan en enero, después de las fiestas de Navidad y de Reyes, y las de verano empiezan en el mes de julio. En estas fechas es posible encontrar *gangas* y *chollos*.

¡SE LLEVA(N)!	Me gusta(n) A mí, también. / A mí, no.		No me gusta(n) A mí, tampoco. / A mí, sí.	¡NO SE LLEVA(N)!
☐	El pelo de colores			☐
☐	El piercing			☐
☐	El maquillaje			☐
☐	Los tatuajes			☐
☐	Las zapatillas de deporte			☐
☐	Los vaqueros			☐
☐	Los pantalones de campana			☐
☐	El pelo largo			☐
☐	Las camisetas con fotos de famosos			☐
☐	Las camisas de marca			☐
☐	Los jerséis de cuello alto			☐
☐	Las faldas cortas			☐
☐	Las uñas pintadas			☐
☐	Las botas de plataforma			☐
☐	Las mochilas			☐
☐	Los adornos de oro o de plata			☐
☐	Los pendientes (en los chicos)			☐

¡Con los colores de moda!

azul
verde
marrón
granate
negro
gris
blanco
rojo
amarillo
fucsia
morado
naranja
beis

cincuenta y siete 57

5. Nuestro mundo

10. Hábitos de consumo.

Los españoles gastan su paga extra de Navidad en menos de quince días, la mayor parte en viajes, en comidas y en lotería; en ocio, en regalos y en juguetes es en lo que menos gastan. Aunque Papá Noel tiene cada vez más seguidores, aproximadamente un 75% de los niños y niñas españoles piden sus regalos a los Reyes Magos (fiesta que se celebra el 6 de enero). Se reciben regalos en Reyes, por Navidad (Papá Noel), en el cumpleaños o al finalizar el curso. Los más pequeños, entre 5 y 10 años, suelen pedir juguetes sencillos: un tren eléctrico, un peluche, un juego de mesa o una muñeca; los jóvenes prefieren ropa, música, artículos deportivos o juegos informáticos.

Los españoles gastan por Navidad 800 euros por persona.

Gasto medio en Navidad por persona (en euros)

- Lotería: 110
- Viajes: 185
- Juguetes: 90
- Ropa para las fiestas: 50
- Comidas fuera de casa: 60
- Comida y bebida: 120
- Nochebuena, Nochevieja y Reyes: 80
- Ocio (cine, teatro): 30
- Regalos: 75

¿En qué gastan su dinero los jóvenes españoles?

Nº Orden		1	2	3	4	5
Concepto		Ropa/calzado	Transporte/teléfono móvil	Tabaco/bebidas	Comida	Diversiones
Paga mensual (75 euros)	chicos	20%	30%	25%	10%	15%
	chicas	30%	20%	15%	20%	15%

¿Te consideras consumista? ¿Cuánto dinero te gastas al año en...?

Gasto anual en...	¿Menos de 100 €/$?	¿Entre 100-200 €/$?	¿Más de 200 €/$?	Resultados del grupo		
				¿Menos de 100 €/$?	¿Entre 100-200 €/$?	¿Más de 200 €/$?
Ropa						
Música (discos, conciertos)						
Libros						
Comida y bebida						
Transporte						
Discoteca						
Videojuegos						
Artículos de deporte						
Cine						
Viajes, excursiones						
Teléfono (móvil...)						
Cintas de vídeo						

¿Por qué no haces una encuesta sobre los hábitos de consumo de las personas que conoces (compañeros, familiares, amigos)?

http://www.¡Déjame el boli, porfa!.es

6

¡Déjame el boli, porfa!

COMUNICACIÓN
- Pedir algo: objetos y acciones
- Conceder y negar algo
- Pedir permiso
- Expresar finalidad
- Dar una excusa

EN CONTEXTO
- En casa de un amigo
- En un restaurante
- En clase
- En el metro

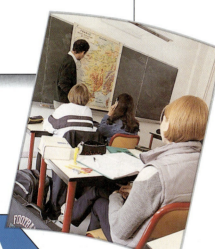

PALABRAS... Y GRAMÁTICA
- Imperativo afirmativo regular
- Imperativos irregulares
- ¿Puedes / podrías + infinitivo?
- Estar + gerundio

NUESTRO MUNDO
- ¿Eres buen/a internauta?

1. ¡Disculpe...! / ¡Disculpa...!
2. ¡Oye! ¿Tienes los apuntes de Matemáticas?
3. Lo siento.

Y tú, ¿qué dices?

A. Sí, tómalos.
B. Sí, pasa, pasa. / Sí, pase, pase.
C. ¡No pasa nada! ¡No te preocupes!

cincuenta y nueve 59

6 Bla, bla, bla

1. En acción.

En casa de un amigo

> ¡Oye! ¿Tienes el periódico de hoy?
< Sí, cógelo, está al lado del televisor.
> ¡Ya lo tengo! Tío, qué calor hace...
< Pues abre la ventana un poco.
> ¡Vale!

En un restaurante

> Disculpe, pero aquí no se puede fumar. Esta zona es de no fumadores.
< ¡Es verdad! Lo siento.
> Nada, nada.
< ¿Y podría traerme un café, por favor?
> ¿Cómo lo quiere: solo o con leche?
< Con leche, por favor.
> Ahora mismo, señor.

En clase

> ¿Puedes dejarme el diccionario?
< Es que lo estoy utilizando yo.
> Ya... ¿Y tienes el libro de verbos españoles?
< Sí, cógelo. Está en mi mochila.
> Déjame el boli rojo, porfa.
< Espera, que tengo que subrayar una cosa... ¡Toma, pesada!

En el metro

> Perdone, ¿me deja pasar?
< Sí, pase, pase.

¡Y ahora, tú!

Para dirigirse a alguien de manera formal	¡Disculpe! / ¡Perdone!
Para pedir a alguien que haga algo	¿Puede/s...? / ¿Podría/s...?
Para pedir un objeto a alguien	¿Tiene/s...? / ¿Me deja/s...?
Para entregar o dar algo	Toma.
Para introducir una excusa	Lo siento. Es que... / Perdona, es que...
Para mostrar fastidio hacia una persona	¡Pesado/a! / ¡Qué pesado/a!
Para mostrar inmediatez	¡Ahora mismo!
Para quitar importancia a una situación	¡No pasa nada! ¡No te preocupes!

Perdona, ¿qué dices?

2. Vas a escuchar pequeños diálogos en los que algunas personas piden cosas. Indica si la respuesta es afirmativa o negativa.

	😊	😞
1	☐	☐
2	☐	☐
3	☐	☐
4	☐	☐
5	☐	☐

3. María y Paco son mexicanos. Hoy no tienen clase y han ido a comer juntos. Escucha el diálogo e indica si las afirmaciones son verdaderas o falsas.

	V	F
☐ Paco y María van al cine.		
☐ Paco toma una sangría.		
☐ María quiere una hamburguesa.		
☐ María no tiene mucha hambre.		
☐ Paco pide unas patatas fritas.		

4. Ahora vas a escuchar algunas acciones. Señala las que escuches.

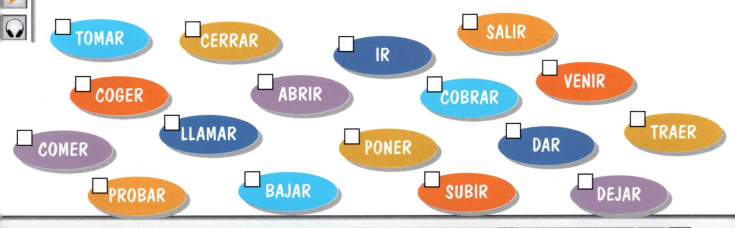

sesenta y uno 61

6 ¡Empieza la función!

5. Si no lo tienes y lo necesitas, pídeselo a tu compañero/a. Seguro que puede dejártelo, ¿no?

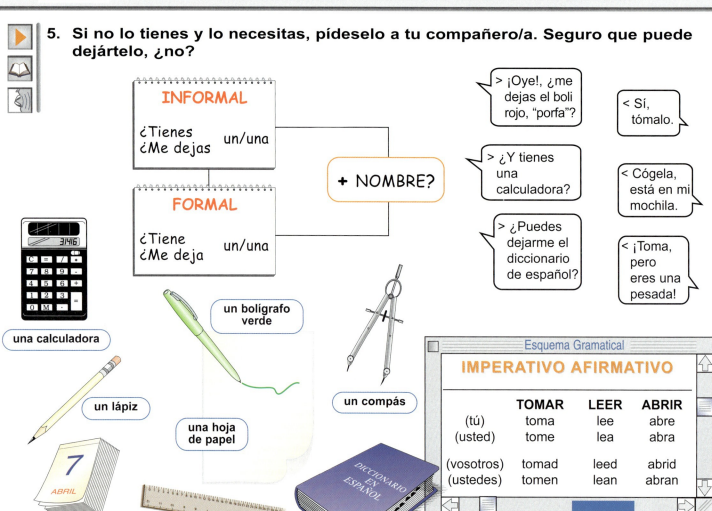

6. ¡Cuántas veces a lo largo del día necesitamos pedir algo a alguien! Practica con tu compañero/a.

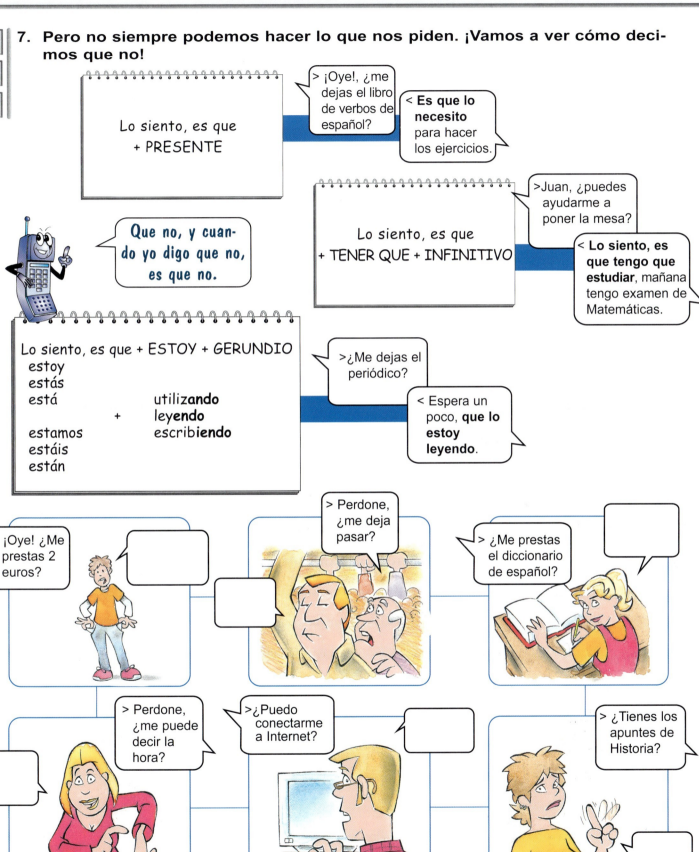

6 ¡Empieza la función!

8. En casa siempre hay muchas cosas que hacer, ¿por qué no ofreces tu ayuda?

VERBO + lo, la, los, las

ponla
sácalo
tiéndela
sácala
ordénalos
sácalos
riégalas
límpialos
llévalos
ponla

9. En cada comunidad hay comportamientos permitidos (habituales) y otros que se consideran inadecuados. Comenta con tus compañeros si los siguientes son adecuados en tu cultura y en la hispana.

¡Empieza la función!

10. Hoy vamos a dedicar algunos minutos de la clase a intercambiar ideas para mejorar nuestro español. También puedes expresar las sugerencias utilizando el imperativo afirmativo, ¿no? Inténtalo.

1 Siempre que aprendo una nueva lengua, compro una pequeña libreta para apuntar todas las palabras y las nuevas expresiones que aprendo.

2 Yo tengo un intercambio con una chica colombiana. Nos vemos una vez a la semana y hablamos en español, y le pregunto todo lo que no entiendo en clase.

3 Todos los días voy un rato a la sala de informática y echo un vistazo a la prensa de español.

¡Conéctate!
¡Haz un intercambio!
¡Ve!
¡Participa!
¡Habla!

4 Yo voy a un café donde los jueves organizan una *tarde en español*, y me gusta ir porque conozco a gente y practico el español.

5 En el Instituto Cervantes siempre hay algún ciclo de cine en español, y es verdad que no lo entiendo todo, pero siempre aprendo algo.

6 A mí me encanta escuchar canciones en español y aprenderme las letras.

7 Yo leo mucho, busco todas las palabras que desconozco en el diccionario y, luego, me las aprendo de memoria.

6 Nuestro mundo

11. Vamos a conocer tus hábitos como internauta. Completa el cuestionario y contrasta con los de tus compañeros.

1. ¿Tienes ordenador en casa?
   ❏ SÍ   ❏ NO

2. ¿Tienes en tu equipo...?
   ❏ Cámara web
   ❏ Escáner
   ❏ Impresora
   ❏ Módem
   ❏ Regrabadora de DC
   ❏ DVD

3. ¿Qué otros aparatos electrónicos tienes?
   ❏ Teléfono móvil
   ❏ Ordenador portátil
   ❏ Agenda electrónica

4. ¿Cuándo has hecho tu primera conexión a Internet?
   ❏ Este año
   ❏ El año pasado
   ❏ Hace 2 ó 3 años
   ❏ No me he conectado nunca

5. ¿Cuánto tiempo te conectas a Internet durante una semana normal?
   ❏ Menos de 3 horas
   ❏ Entre 3 y 5 horas
   ❏ Más de 5 horas

6. ¿Qué tipo de servicios utilizas?
   ❏ Correo electrónico
   ❏ Chats/Foros
   ❏ Diversión
   ❏ Buscar información
   ❏ Hacer los deberes
   ❏ Comprar
   ❏ Otros

7. ¿Dónde utilizas Internet?
   ❏ En casa
   ❏ En casa de algún amigo
   ❏ En el colegio o instituto
   ❏ En un cibercafé

8. ¿Cuáles son tus direcciones favoritas?
   ❏ ....
   ❏ ....
   ❏ ....

9. ¿Cuáles son tus juegos favoritos?
   ❏ ....
   ❏ ....
   ❏ ....

10. ¿Conoces alguna dirección para mejorar tu español?
    ❏ ....
    ❏ ....
    ❏ ....

11. ¿Has conocido a alguien a través de Internet?
    ❏ SÍ   ❏ NO

12. En caso afirmativo, ¿quién es y cómo es?
    ....
    ....

13. ¿Has comprado alguna vez por Internet?
    ❏ SÍ   ❏ NO

14. En caso afirmativo, ¿qué has comprado?
    ❏ Libros
    ❏ Música
    ❏ Software
    ❏ Juegos
    ❏ Viajes
    ❏ Ropa

http://www.¿Por qué no...?.es

¿Por qué no...?

COMUNICACIÓN

- Hacer y proponer un plan
- Aceptar y rechazar un plan
- Expresar gustos y preferencias
- Hablar de planes futuros
- Dejar un mensaje en el contestador automático

EN CONTEXTO

- En el patio del colegio
- En un concierto

la oreja de van gogh
el viaje de copperpot

PALABRAS... Y GRAMÁTICA

- ¿Y si...?, ¿por qué no...?, ¿qué te parece si...?
- ¡Vale! ¡Claro! No, no puedo. Mejor...
- Preferir
- Ir + a + infinitivo
- Futuro simple
- Estoy pensando en + infinitivo

NUESTRO MUNDO

- Ocio y aficiones de la juventud actual

1 Mejor, el jueves. ¿Te va bien?
2 ...¿vale?
3 Pues nos vemos allí.

Y tú, ¿qué dices?

A ¡Hecho!
B ¡Vale! ¡Hasta luego!
C ¡Perfecto!

sesenta y siete 67

7 Bla, bla, bla

1. En acción.

En el patio del colegio

> ¿Por qué no vienes al cine hoy? Vamos a ver la última *peli* de Spielberg.
< Es que no me apetece...
> ¡Venga, hombre, anímate!
< La verdad es que tengo mucho que estudiar...
> Puedes estudiar el sábado...
< Ya... ¿Quién va?
> Los de siempre... la peña. Bueno, si cambias de opinión, dame un toque, ¿vale?
< ¡Hecho!

> ¡Oye! ¿Qué vas a hacer para celebrar tu *cumple*?
< No sé... Bueno, me apetece organizar una fiesta en casa, pero no sé si mis padres van a dejarme...
> ¿Y a quién piensas invitar?
< A la gente de clase y a *la peña* del barrio, claro...
> Y a Javi, ¿no?
< Pues... no lo sé, porque últimamente está muy tonto...
> Pero salís juntos, ¿no?
< Bueno... a veces.

> ¡Otra vez... suspenso en Matemáticas! No sé qué voy a hacer... ¡Mis padres me van a matar!
< ¿Y si estudiamos juntas? Yo puedo ayudarte... ¿Qué te parece mañana después de clase?
> Es que mañana tengo que ir al dentista... ¡Qué lata! Mejor el jueves... ¿Te va bien?
< ¡Perfecto!

¡Y ahora, tú!

> ¡Qué guay, tío!
< Sí, son muy buenos...
> Voy a los servicios... ¿Te apetece algo de beber...?
< Sí, traeme una cerveza *porfa*.
> Pues dame las pelas...
< Toma, cinco euros.

En un concierto

Para animar a alguien a hacer algo	
Para decir "llámame por teléfono" de forma coloquial	"La peña" → ¡Dame un toque!
Para manifestar acuerdo ante una petición	
Para hablar del "cumpleaños" de forma coloquial	¡Hecho! "El cumple"
Para hablar de "un grupo de amigos" de forma coloquial	
Para manifestar acuerdo	¡Venga, hombre, anímate! ¡Perfecto!

Perdona, ¿qué dices?

2. Escucha la siguiente conversación. ¿Qué tres ideas pueden ayudar a superar el cansancio y el mal humor?

3. Escucha lo que piensa hacer esta joven chilena para mejorar su estado físico y mental, y señala en la lista.

- ❏ Hacer footing
- ❏ Comer más
- ❏ Hacer yoga
- ❏ Beber más agua
- ❏ Dormir más de ocho horas diarias
- ❏ Comprar ropa nueva
- ❏ Comer más fruta y verdura
- ❏ Ver más la televisión
- ❏ Ir a la peluquería
- ❏ Hacer voluntariado

4. Escucha esta encuesta sobre gustos y preferencias y completa.

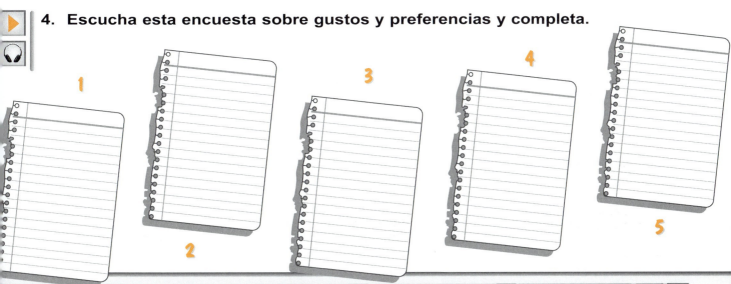

sesenta y nueve 69

¡Empieza la función!

5. Esta tarde no hay clase, así que, ¿por qué no le propones un buen plan a tu compañero/a?

Esquema Gramatical

- ¿Por qué no
- ¿Y si   + PRESENTE?
- ¿Qué te parece si

- ¿Quieres
- ¿Te apetece   + INFINITIVO?
- ¿Tienes ganas de

- ¡Vale!
- ¡Genial!
- ¡Buena idea!
- ¡Claro!
- ¡Por supuesto!
- ¡Desde luego!
- ¡Estupendo!
- Me parece muy bien.

- No, no me apetece. Prefiero...
- No, no tengo ganas.
- No me gusta...
- No, no puedo.
- No, no me dejan.
- No tengo dinero.
- Mejor, ...

 Ir al cine
 Ir a la bolera
 Dar una vuelta
 Jugar un partido de fútbol
 Ir a un McDonald's

 Ir a patinar
 Ir a un cibercafé
 Salir de compras
 Ir a la piscina
 Organizar una fiesta

6. Hace mucho tiempo que tú y tu compañero/a no salís porque estáis muy ocupados. ¿Por qué no contrastáis vuestras agendas y buscáis un día y una hora?

TÚ

LUNES
Dentista

MARTES

MIÉRCOLES
Clase extraescolar de informática

JUEVES
Aniversario de mis padres

VIERNES
Partido de fútbol

SÁBADO/DOMINGO
Excursión familiar durante todo el fin de semana

TU COMPAÑERO/A

LUNES
Cumpleaños de mi hermana

MARTES
Clase extraescolar de guitarra

MIÉRCOLES
Cumpleaños de un amigo

JUEVES
Excursión con el colegio

VIERNES
Partido de fútbol

SÁBADO/DOMINGO
Campeonato de ajedrez

¡Empieza la función!

7. Todos los años hacemos buenos propósitos para encontrarnos mejor física y mentalmente. ¿Qué vas a hacer tú para estar en forma? Elige tres cosas que harás durante la próxima semana.

Para tener una buena salud mental y física...

> Este año voy a matricularme en un gimnasio.

< ¡Qué suerte, *tío*! Yo no tengo *pelas*.

Esquema Gramatical

FUTURO INMEDIATO

voy
vas
va   + A + INFINITIVO
vamos
vais
van

1. Hacer ejercicio de forma regular, al menos tres veces por semana.
2. Evitar las grasas, la bollería y la *comida basura*.
3. Pensar siempre en positivo.
4. Hacer alguna actividad de voluntariado.
5. Contar hasta diez antes de enfadarte.
6. No fumar.
7. No beber bebidas alcohólicas.
8. Ser tolerante con la gente.
9. Comer de forma equilibrada y nunca entre horas.
10. Dormir un mínimo de ocho horas diarias.

8. Tú y tu compañero tenéis parte de una conversación, ¿por qué no la ordenáis?

1 ¡Oye! ¿Qué piensas hacer este *finde*?

Podemos llamar a Pedro y a Javi.

¿Por qué no vamos al cine?

No, no me apetece mucho. ¿Y si vamos a dar una vuelta?

Bueno, tú eres quien no tiene dinero, así que... piensa en algo que podamos hacer sin dinero.

¿Qué?

¡Vale!

¡Qué rollo! ¡Todos los fines de semana hacemos lo mismo: dar una vuelta!

¡Ya lo tengo!

Bueno, pero en ese caso, mejor vamos a tu casa, que es más grande.

Alquilamos un vídeo y lo vemos en mi casa.

¡Ni idea!

Es que no tengo *pelas*... Pero podríamos organizar un partido de baloncesto con la gente del barrio.

7 ¡Empieza la función!

9. ¿Por qué no le preguntas a tu compañero/a qué le gusta hacer en su tiempo libre?

1. Navegar en Internet

2. Leer

3. Ir al cine

4. Ir de excursión

5. Escuchar música

6. Hacer deporte

7. Ver la televisión

8. Ir de compras

9. Ir a una discoteca

10. Ahora pregúntale qué prefiere y contrasta sus gustos con los tuyos.

1. ¿Ir al cine o jugar al fútbol?

2. ¿El verano o el invierno?

Esquema Gramatical
Preferir
prefiero
prefieres
prefiere
preferimos
preferís
prefieren

3. ¿Estar en casa o salir?

4. ¿El mar o la montaña?

5. ¿La música de jazz o la música pop?

6. ¿Hablar por teléfono o escribir correos electrónicos?

7. ¿Bailar o charlar?

8. Como mascota, ¿un perro o un gato?

9. ¿Las Ciencias o las Humanidades?

10. ¿Gastar tu paga en ropa o en discos?

¡Empieza la función!

11. No sabemos cómo será nuestra vida en el futuro, pero podríamos imaginarla, ¿no?

> Sí...
> Seguro que sí...
> Yo creo que sí...
> ¡Ya verás cómo sí!

> No sé...
> A lo mejor.
> Puede que sí...
> Es posible...

> No...
> Seguro que no.
> Yo creo que no.
> ¡Imposible!
> ¡Ya verás cómo no!
> ¡Qué va!

Esquema Gramatical

FUTURO SIMPLE -AR, -ER, -IR

trabajar	-é
	-ás
ser	-á
	-emos
vivir	-éis
	-án

¿Alimentarse con pastillas y píldoras?

¿Vivir en casas controladas por ordenadores o en el espacio?

¿Dormir sólo tres horas al día?

Algunos futuros son irregulares. Si unes los elementos de las dos columnas podrás aprenderlos.

¿No haber guerras?

¿Ser la enseñanza virtual?

¿Tener un *chip* de memoria en el cerebro?

¿Vestir ropa galáctica?

¿Vivir hasta los 100 años?

¿Ir de vacaciones a Marte?

¿Comprar todo a través de Internet?

¿Eliminar el cáncer y el SIDA?

1	decir	vendré	a
2	haber	tendré	b
3	poder	pondré	c
4	querer	saldré	d
5	poner	podré	e
6	salir	sabré	f
7	saber	querré	g
8	tener	diré	h
9	venir	habré	i

¿Hablar todos la misma lengua?

¿Desplazarse en medios de transporte sofisticados?

¿Clonar a los humanos?

¿Poder elegir el sexo de los bebés?

setenta y tres 73

7 Nuestro mundo

12. Ocio y aficiones de la juventud actual.

Algunos rasgos de los jóvenes españoles

- Los cuatro rasgos comunes son: consumismo, rebeldía, independencia, tolerancia.
- Ven con optimismo el nuevo milenio y el futuro de la Unión Europea.
- Un 41% cree en los horóscopos y en la astrología.
- El 82% de los jóvenes españoles están contentos con la vida que llevan.
- Sólo un 1,2% prefiere la música clásica frente a otro tipo de música.
- Sólo un 30% pertenece a alguna Asociación pero gran parte de ellos se sienten solidarios.
- Un 47% está enganchado a algún vídeo juego.

El tiempo de ocio o tiempo libre es una parte importante de la vida juvenil. Durante los días laborales, los jóvenes españoles dedican la mayor parte de su tiempo al estudio. En su tiempo libre, practican deporte fuera de casa o ven la televisión o el vídeo en casa, escuchan música o juegan con videojuegos en el ordenador o en la televisión.

Los fines de semana en la última década ha aparecido como "cultura de noche" la "movida callejera": los jóvenes, además de juntarse con amigos o parejas en discotecas o bares, también se reúnen en plazas y parques para escuchar música, bailar, charlar y compartir bebida. Es el "botellón".

Su tiempo de ocio, en resumen:

%	Actividad
85%	Estar o salir con amigos
65%	Ver la televisión
55%	Escuchar música
45%	Jugar con juegos electrónicos
30%	Ir de copas
28%	Leer
27%	Practicar deporte
24%	Ir al cine
12%	Ir de excursión
10%	Escuchar la radio
9%	Leer la prensa

¿Cómo ven los chicos y chicas la televisión?

	Tiempo medio		Programas preferidos						
	Días laborales	Fin de semana	1	2	3	4	5	6	7
Chicas	1-3 h.	3-5 h.	Películas	Series Telenovelas	Informativos	Dibujos animados	Documentales	Deportivos	Otros
Chicos	1-3 h.	3-5 h.	Deportivos	Películas	Series	Dibujos animados	Informativos	Documentales	Otros (musicales...)

Haz una encuesta (en tu clase o a tus amigos) sobre a qué dedican su tiempo libre.

http://www.¿Qué tal te ha salido el examen.es

8

¿Qué tal te ha salido el examen?

EN CONTEXTO
- En la biblioteca
- En una academia de idiomas
- En un albergue juvenil

COMUNICACIÓN
- Hablar de acciones y experiencias recientes
- Expresar gustos y opiniones
- Presentar excusas y dar explicaciones

PALABRAS... Y GRAMÁTICA
- *Hoy, esta mañana, esta semana, este fin de semana, alguna vez, nunca*, etc.
- Pretérito perfecto
- Participios irregulares
- Pronombres *me, te, le (se), nos, os, les (se)*
- *Ya / todavía no*
- *Me ha parecido. Me ha gustado*

NUESTRO MUNDO
- Gustos de los jóvenes

setenta y cinco 75

8 Bla, bla, bla

1. En acción.

En la biblioteca

> A ver... ¿Me dejas el carné de estudiante?
< Sí, tenga.
> Este libro está subrayado...
< Sí, lo siento, es que no me he dado cuenta.
> Ya... Pues, durante tres meses no puedes sacar libros de esta biblioteca.
< Pero...
> Mira, no hay peros que valgan, las reglas son las reglas.
< ¡Vale, vale! ¡No se ponga así! ¡Hasta luego!

> ¿Qué tal te ha salido el examen?
< Pues, así, así. ¿Y a ti?
> Bastante bien, pero he tenido problemas con la última pregunta...
< Habla más bajo...
> Ya... ¡Oye! ¿Tienes los apuntes de Historia?
< Sí, tómalos. ¿Vas a fotocopiarlos?
> Te los devuelvo luego, ¿vale?

En una academia de idiomas

> ¡Hola!
< ¡Hola! ¿En qué puedo ayudarte?
> Verá, es que he suspendido los dos últimos exámenes de francés y...
< ...Y necesitas una clase de apoyo, ¿verdad?
> Sí.
< Primero, tienes que hacer una prueba de nivel, ¿puedes hacerla ahora?
> Sí, claro.
< Pues pasa al aula 5.

En un albergue juvenil

> ¡Buenas!
< ¡Hola, chicos!
> Mire, hemos llegado esta tarde y buscamos un lugar donde dormir... ¿Tiene camas libres?
< ¿Tenéis el carné de alberguista?
> Sí, aquí tiene.
< ¿Para cuántas personas?
> Somos ocho: tres chicas y cinco chicos.

¡Y ahora, tú!

Para saludar a cualquier hora del día de manera informal

¡Buenas!

Para indicar que las cosas no van ni bien ni mal

¡Así, así! / ¡Regular!

Para buscar la confirmación del interlocutor

...¿Verdad?

Para pedir a alguien que no se enfade

¡No se ponga así! / ¡No te pongas así!

Perdona, ¿qué dices?

 2. Cristina es colombiana y mañana se marcha de vacaciones. Escucha y señala qué cosas ha hecho.

	😀	😟
1. Ha desayunado.		
2. Ha recogido la cocina.		
3. Ha ido a la agencia de viajes.		
4. Ha ido a la farmacia.		
5. Ha comprado cheques de viaje.		
6. Ha llamado a su madre.		
7. Ha regado las plantas.		
8. Ha preparado la maleta.		

 3. María es mexicana, está desesperada y locamente enamorada de un chico de su Instituto. Escucha este diálogo y sabrás qué ha hecho.

	😀	😟
1. María ha llamado a Luis por teléfono.		
2. María le ha dejado a Luis una nota en la taquilla.		
3. María le ha dicho a Luis que está enamorada de él.		
4. María le ha dicho que es muy listo.		
5. Luis ha ido al parque.		

  4. Vas a escuchar algunos diálogos. Señala qué mensaje ha dejado cada una de las personas.

▪ *Niños, he ido al supermercado. Vuelvo dentro de quince minutos. Mamá*

▪ 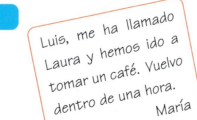 *Luis, me ha llamado Laura y hemos ido a tomar un café. Vuelvo dentro de una hora. María*

▪  *Te espero en la puerta del cine. La peli empieza a las siete. ¡No llegues tarde! Cristina.*

¡Empieza la función!

5. ¿Has escrito alguna vez un diario? ¿Por qué no lees esta página del diario de Laura?

Querido diario:

Hoy he tenido un día estupendo. Me he levantado temprano y, durante el desayuno, mis padres me han dicho que voy a tener un hermanito. Estoy muy contenta porque ser hija única resulta bastante aburrido. He cogido el autobús para ir al "insti", y adivina con quién me he encontrado: con Alberto, un chico de segundo curso, que es tan guapo que alucinas. Y me ha invitado a ir al cine el sábado por la tarde. ¡Tengo que pensar qué voy a ponerme! Bueno, después nos han dado las notas de este trimestre y he aprobado todo: he sacado dos sobresalientes, tres notables, dos bienes y un suficiente. Pues sí, he sacado suficiente en Gimnasia, la verdad es que no es una sorpresa porque tú y yo sabemos que nunca he sido muy atlética. Durante la mañana hemos tenido una clase muy divertida de español y hemos jugado un partido de baloncesto. Y aunque hemos perdido, yo sé que nuestro equipo es mucho mejor. Bueno, ha sido un día genial y ahora me voy a a dormir. ¡Hasta mañana!

Laura

¡Es tan guapo que alucinas a colores!

Ahora, señala con una cruz qué cosas ha hecho Laura hoy.

1. Se ha levantado a las ocho. ❑
2. Se ha duchado. ❑
3. Ha tenido un hermanito. ❑
4. Ha ido al Instituto en autobús. ❑
5. En el Instituto se ha encontrado con Alberto. ❑
6. Ha suspendido Ciencias Sociales. ❑
7. Ha jugado al baloncesto. ❑
8. Su equipo ha ganado el partido. ❑
9. Ha ido al cine. ❑
10. Ha discutido con sus padres. ❑

¡Empieza la función!

6. Ahora, tú y tu compañero/a vais a contrastar qué cosas habéis hecho hoy. Primero escribe lo que has hecho tú y después toma nota de lo que ha hecho tu compañero/a.

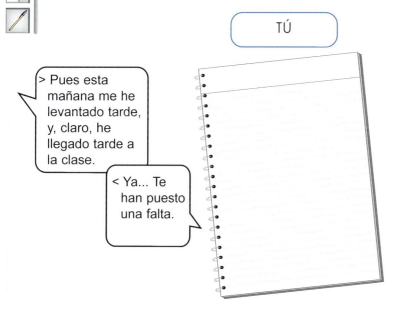

> Pues esta mañana me he levantado tarde, y, claro, he llegado tarde a la clase.

< Ya... Te han puesto una falta.

7. Para conocernos mejor, vamos a preguntar a los compañeros si han tenido alguna de estas experiencias.

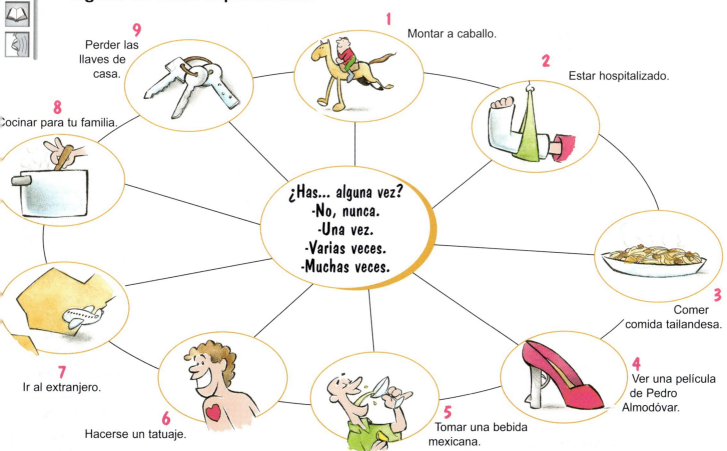

¿Has... alguna vez?
- No, nunca.
- Una vez.
- Varias veces.
- Muchas veces.

1. Montar a caballo.
2. Estar hospitalizado.
3. Comer comida tailandesa.
4. Ver una película de Pedro Almodóvar.
5. Tomar una bebida mexicana.
6. Hacerse un tatuaje.
7. Ir al extranjero.
8. Cocinar para tu familia.
9. Perder las llaves de casa.

setenta y nueve 79

¡Empieza la función!

8. Fíjate y reacciona de acuerdo con las situaciones para dar la excusa más adecuada al contexto.

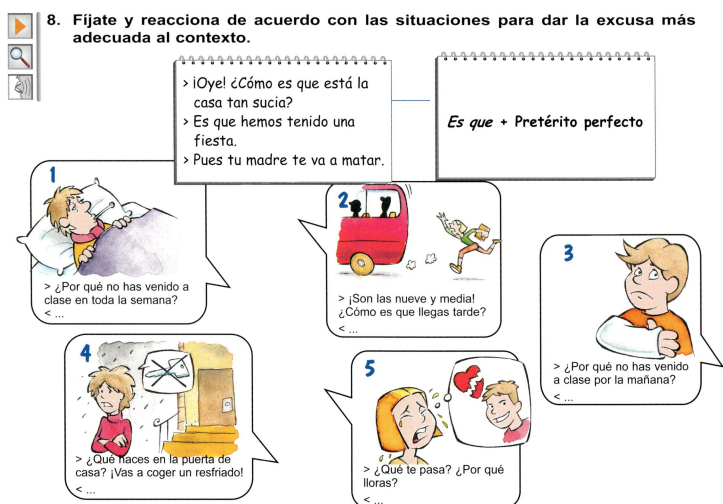

9. ¿Por qué no nos dices por qué está tan contenta esta chica?

¡Empieza la función!

10. Es importante que la gente conozca nuestros gustos y opiniones, ¿no crees?

> ¿Qué tal el/la...?

> ¿Qué te ha parecido...?

> ¿Te ha gustado...?

< (No) ha sido bueno/a
    increíble
    genial
    alucinante
    un rollo

< (No) me ha parecido muy interesante
       bueno/a
       aburrido/a

> (No) me ha gustado mucho
     muchísimo
     bastante
     nada

Relaciona la pregunta y la respuesta correspondiente. Después pregunta a tu compañero/a.

□ No me ha gustado mucho. La verdad es que está un poco acabado, ¿no crees?

□ ¡Me ha salido muy bien! Creo que voy a aprobar. ¡Bueno, eso espero!

□ Ha sido increíble, ¡alucinante!

□ Ha sido muy divertido: los dos equipos han jugado muy bien.

□ Bueno, ha sido muy emocionante, aunque a mí las bodas no me gustan mucho.

□ Me ha gustado mucho. ¡Tienes que verla!

□ No ha sido tan bueno como esperaba.

□ Ha sido muy aburrida. ¡Un rollo!

□ Pues hemos estado en un montón de sitios y nos lo hemos pasado muy bien.

1. La película
2. El examen
3. El libro
4. El fin de semana
5. El último vídeo de Michael Jackson
6. El viaje
7. El partido de fútbol
8. La clase
9. La boda de tu hermana

¿Qué tal...?
¿Qué te ha parecido...?
¿Te ha gustado...?

ochenta y uno 81

Nuestro mundo

11. Fíjate y expresa tus gustos y opiniones.

> ¿Qué tipo de..., prefieres tú?

< A mí me gusta llevar el pelo corto.
< A mí me gusta la pizza, pero prefiero la comida casera, es más sana.

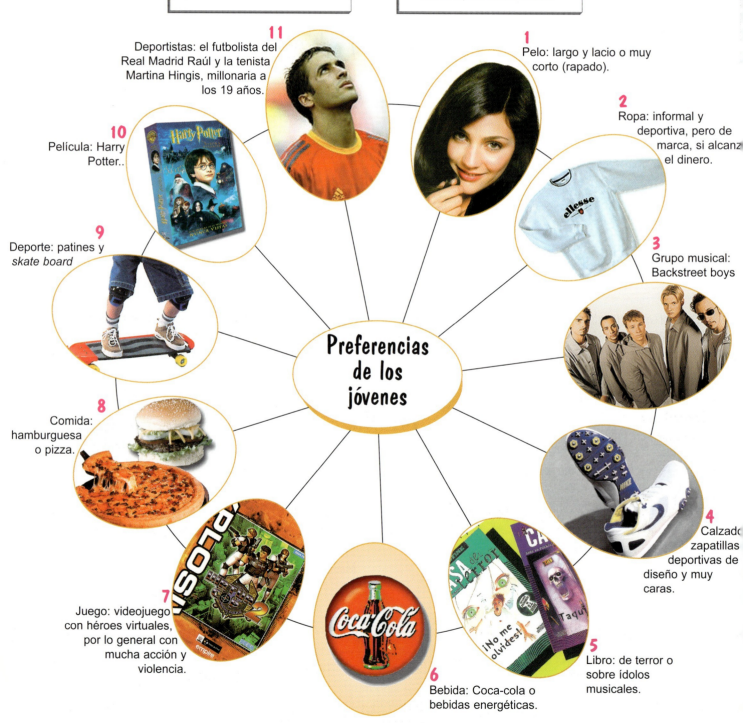

Preferencias de los jóvenes

1. Pelo: largo y lacio o muy corto (rapado).
2. Ropa: informal y deportiva, pero de marca, si alcanza el dinero.
3. Grupo musical: Backstreet boys
4. Calzado: zapatillas deportivas de diseño y muy caras.
5. Libro: de terror o sobre ídolos musicales.
6. Bebida: Coca-cola o bebidas energéticas.
7. Juego: videojuego con héroes virtuales, por lo general con mucha acción y violencia.
8. Comida: hamburguesa o pizza.
9. Deporte: patines y skate board
10. Película: Harry Potter..
11. Deportistas: el futbolista del Real Madrid Raúl y la tenista Martina Hingis, millonaria a los 19 años.

Haz una encuesta (en tu clase o a tus amigos/as) sobre sus gustos y opiniones.

Preparar un viaje de fin de curso

1 Tomar decisiones.

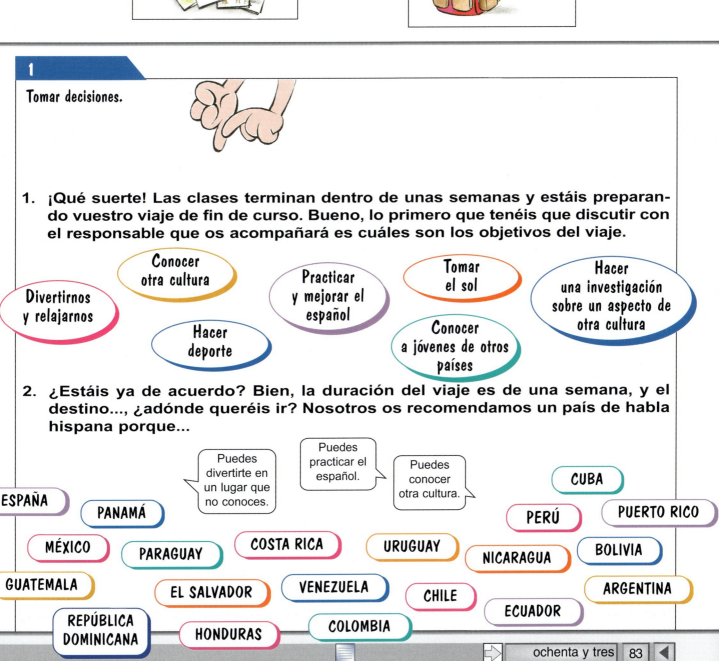

1. ¡Qué suerte! Las clases terminan dentro de unas semanas y estáis preparando vuestro viaje de fin de curso. Bueno, lo primero que tenéis que discutir con el responsable que os acompañará es cuáles son los objetivos del viaje.

- Divertirnos y relajarnos
- Conocer otra cultura
- Practicar y mejorar el español
- Tomar el sol
- Hacer una investigación sobre un aspecto de otra cultura
- Hacer deporte
- Conocer a jóvenes de otros países

2. ¿Estáis ya de acuerdo? Bien, la duración del viaje es de una semana, y el destino..., ¿adónde queréis ir? Nosotros os recomendamos un país de habla hispana porque...

- Puedes divertirte en un lugar que no conoces.
- Puedes practicar el español.
- Puedes conocer otra cultura.

ESPAÑA · PANAMÁ · CUBA · PERÚ · PUERTO RICO · MÉXICO · PARAGUAY · COSTA RICA · URUGUAY · NICARAGUA · BOLIVIA · GUATEMALA · EL SALVADOR · VENEZUELA · CHILE · ARGENTINA · ECUADOR · REPÚBLICA DOMINICANA · HONDURAS · COLOMBIA

ochenta y tres 83

http://www.Preparar un viaje de fin de curso.es

2 Buscar información.

3. Aquí tienes algunas ofertas de viaje, ¿hay alguna de vuestro interés? ¿Por qué no las discutes comentando las ventajas e inconvenientes de cada una de ellas?

CHILE INOLVIDABLE

Visitaremos la ciudad de Santiago de Chile, los Grandes Lagos en Puerto Montt, donde

bajaremos el río Petrohué haciendo rafting, para continuar con una navegación y ver los icebergs en..., y llegar finalmente a la Patagonia.

650 euros

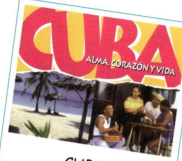

CUBA, EL ENCANTO

Te llevaremos a la ciudad de Santiago de Cuba, donde podrás respirar el ambiente colonial, para después realizar una estancia de 26 días en una de las mejores playas del mundo.

390 euros

ESPAÑA SIEMPRE

Te proponemos un divertido recorrido visitando Andalucía y permaneciendo 3 días en la Costa del Sol, donde podrás disfrutar del sol y de los deportes acuáticos.

425 euros

MÉXICO LINDO

Recorreremos el país en autobús y podrás conocer a sus gentes, su comida, su música y sus tradiciones.

475 euros

	😊	😞
1	☐	☐
2	☐	☐
3	☐	☐
4	☐	☐

4. Si ya sabéis adónde queréis ir, podéis buscar más información en Internet sobre ese lugar.

ARGENTINA: http://www.argentina.com
BOLIVIA: http://www.umsanet.edu.bo/misc/bolivia/
CHILE: http://www.turismochile.cl
COLOMBIA: http://www.turismocolombia.com
COSTA RICA: http://www.tourism-costarica.com
CUBA: http://www.cuba.com
ECUADOR: http://www.ecuador.com
EL SALVADOR: http://www.elsalvador.com
ESPAÑA: http://www.tourspain.es
GUATEMALA: http://www.guatemala.travel.com.gt/
HONDURAS: http://www.honduras.com
MÉXICO: http://www.mexico-travel.com
NICARAGUA: http://www.nicaragua.com
PANAMÁ: http://www.panama.org
PARAGUAY: http://www.paraguay.com
PERÚ: http://www.peru.com/travel
PUERTO RICO: http://www.prtourism.com
REP. DOMINICANA: http://www.dominicana.com.do
URUGUAY: http://www.turismo.gub.uy
VENEZUELA: http://www.venezuela.com

5. Tenéis que elegir a dos representantes que irán a la agencia de viajes para hacer una reserva. Para ello, formad parejas y preparad la siguiente situación. La pareja que realice la dramatización que resulte más votada, será la que irá a la agencia.

TÚ
- ❏ Eres el representante de tu clase y estáis organizando un viaje de fin de curso.
- ❏ Representas a un grupo de 25 alumnos y dos responsables.
- ❏ El viaje tiene una duración de una semana.
- ❏ Queréis ir a un país de habla hispana.
- ❏ El objetivo es divertiros, conocer otra cultura y practicar el español.
- ❏ Tenéis un presupuesto de 450 euros por persona.
- ❏ Queréis salir un sábado y regresar el domingo siguiente.
- ❏ Queréis pasar dos días en la playa.

TU COMPAÑERO/A
- ❏ Hace sólo dos semanas que trabajas en esta Agencia de Viajes.
- ❏ Todavía no tienes todas las ofertas de la temporada.
- ❏ El ordenador presenta problemas.
- ❏ Tu jefe te está observando y esto te pone muy nervioso/a.
- ❏ Quieres hacer bien tu trabajo.

3
Conseguir el dinero.

6. El viaje os va a costar a cada uno 450 euros y, claro, vuestros padres no quieren pagar todos los gastos. Pero vosotros sois jóvenes con grandes ideas y podéis pensar en la manera de conseguir el dinero.

ochenta y cinco 85

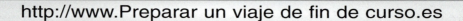

4
Preparar el viaje.

7. Ahora que ya tienes el permiso de tus padres, el viaje reservado, el dinero para pagarlo... y sólo falta una semana, ¿qué otras cosas tienes que hacer antes de salir? ¡Mucho ánimo para hacer todas estas cosas!

- ❑ Ir a la peluquería.
- ❑ Conseguir prestada una mochila grande.
- ❑ Ir al banco para cambiar dinero para gastos personales.
- ❑ Comprar un bañador, un cuaderno, unas gafas de sol y unos pantalones cortos.
- ❑ Pedir prestada la cámara de fotos a un familiar.
- ❑ Comprar carretes de fotos.
- ❑ Renovar el pasaporte.
- ❑ Ir a la biblioteca a buscar un diccionario y una guía turística.

5
Enviar una postal.

8. ¿Por qué no envías una postal a tu familia, a algún amigo y a tu pareja contándoles lo bien que te lo estás pasando? Fíjate en el modelo.

¡Hola a todos! Este país es increíble y cada día lo descubrimos un poco más. Hoy vamos a ver el museo de la ciudad y, por la tarde, tenemos una fiesta hispana. Me acuerdo mucho de vosotros. Os quiere, Frank

Familia Smith
45 Kensington Street
Londres
INGLATERRA

86 ochenta y seis

9

http://www.¿Recuerdas cómo os conocisteis?.es

¿Recuerdas cómo os conocisteis?

EN CONTEXTO
- En Reclamación de Equipajes en el aeropuerto
- En la residencia de estudiantes
- En la oficina Erasmus

COMUNICACIÓN
- Narrar hechos o acontecimientos en el pasado
- Recordar algo que ocurrió en el pasado

PALABRAS... Y GRAMÁTICA
- Marcadores temporales
- Pretérito indefinido
- Algunos pretéritos irregulares

NUESTRO MUNDO
- Viajar

1. Ah, eres profesor de español, ¿no?
2. A ver, cuéntame
3. ...¿y cuánto dura?

Y tú, ¿qué dices?

A. Verás...
B. Sí y no.
C. Dos años.

ochenta y siete 87

9. Bla, bla, bla

Erasmus es un programa europeo para universitarios, que les permite estudiar durante algún tiempo en un país distinto al suyo.

1. En acción.

En el mostrador de Reclamaciones de Equipajes en el aeropuerto

> ¡Buenos días! Verá, ayer por la tarde llegué en el vuelo de Río de Janeiro IB 456, pero mi equipaje se perdió...
< ¿Ha rellenado el impreso de reclamación?
> Sí, lo rellené ayer mismo, pero olvidé dejar la fotocopia del carné de identidad...
< ¿La tiene?
> Sí, tenga.
< Efectivamente, ayer no llegaron sus maletas, tampoco han llegado en el vuelo de hoy...
> ¡Vaya!
< Probablemente están en el aeropuerto de París...
> Sí, allí cambiamos de vuelo.
< No se preocupe, nosotros le avisaremos...

En la residencia de estudiantes

> ¿Cuándo llegaste?
< El domingo por la noche... ¿Y tú?
> Yo llevo aquí ya una semana... ¿Y qué vas a estudiar?
< Me he matriculado en el curso de Cultura Española.
> Ah, eres profesor de español, ¿no?
< Sí y no. Terminé la Licenciatura el año pasado y trabajé algunos meses en una escuela privada...
> Pues yo me he matriculado en un Máster de Economía...
< ¿Y cuánto dura?
> Dos años.

En la oficina Erasmus

> ¡Hola! ¿Qué tal? ¿En qué puedo ayudarte?
< Verás, soy estudiante *Erasmus*... y la semana pasada tuve algunos problemas con las clases...
> A ver, cuéntame.
< Pues, fui a la primera clase y el profesor me dijo que él no acepta alumnos *Erasmus*...

> ¡No es posible! Todos los profesores tienen la obligación de aceptarlos... Bien, rellena esta reclamación con todos tus datos y el nombre y horario de la asignatura. ¿Algo más?
< Bueno, en la Residencia estuvimos tres días de la semana pasada sin agua caliente y...
> Ése es un problema en el que yo no puedo ayudarte, lo siento.

¡Y ahora, tú!

Para entregar algo	Tenga (usted). / Toma (tú).
Para expresar fastidio	¡Vaya!
Para tranquilizar a alguien	¡No se preocupe (usted)! / ¡No te preocupes (tú)!
Para preguntar la duración de algo (una película, un vuelo)	¿Cuánto dura?
Para animar a alguien a que nos relate algo	A ver, cuéntame...
Para expresar incredulidad	¡No es posible! / ¡Imposible! / ¡No puedo creerlo!

Perdona, ¿qué dices?

2. Vas a escuchar lo que hizo este estudiante mexicano durante su primera semana en Barcelona. Toma nota de ello.

LUNES	JUEVES
MARTES	VIERNES
MIÉRCOLES	SÁBADO/DOMINGO

3. Vas a escuchar lo que hicieron estos jóvenes durante el pasado fin de semana. Indica el número del relato que estás escuchando.

○ Fuimos de acampada.
○ Fui al cine.
○ Estuve en una casa viendo un vídeo.
○ Visité a mis abuelos.
○ Fuimos al Parque de Atracciones.

4. Cinco personas han ido a la Oficina de objetos perdidos del aeropuerto porque en los últimos días han perdido algo. Indica con un número el objeto que busca cada una.

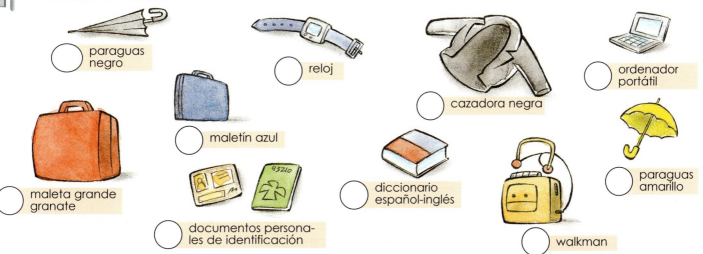

○ paraguas negro
○ reloj
○ cazadora negra
○ ordenador portátil
○ maletín azul
○ maleta grande granate
○ documentos personales de identificación
○ diccionario español-inglés
○ walkman
○ paraguas amarillo

¡Empieza la función!

5. Para hablar de hechos o acontecimientos pasados utilizamos un nuevo tiempo verbal, el pretérito. Primero vamos a completar la conjugación de los siguientes verbos.

6. Ahora, ¿por qué no contrastas con tu compañero/a lo que hiciste ayer?

¡Empieza la función!

7. Hay acontecimientos de nuestra vida que no olvidamos. ¿Recuerdas a qué edad...?

> ¡Oye! ¿Recuerdas a qué edad te dieron tu primera paga semanal?
> A mí, a los diez.

< Pues, no estoy seguro/a... Pero creo que a los ocho años, ¿y a ti?

1. empezar a ir al colegio
2. empezar a salir con amigos y amigas
3. tomar un avión por primera vez
4. empezar a andar
5. enamorarse por primera vez
6. pasar un fin de semana por primera vez en casa de un/a amigo/a
7. tener el primer suspenso
8. saber la verdad sobre Papá Noel
9. darte la primera paga semanal
10. ir a un concierto por primera vez
11. empezar a hablar

8. Lee lo que le pasó el verano pasado a Laura. Después, cuenta a tu compañero/a eso tan interesante que te pasó a ti.

Pues, el año pasado fui con mis padres a la República Dominicana y me lo pasé *super fenomenal*, conocí a mucha gente de mi edad, hablé español con los camareros y mis padres *alucinaron a colores*, ¡no se lo podían creer! Pero bueno, un día fuimos de excursión para ver el fondo del mar y fue *una pasada*: corales, peces de colores... ¡Y no vais a creerlo!, pero vimos los restos de un barco español del siglo XVI.

9. Además, a Laura le ocurrieron otras muchas aventuras.

Un día...
- ❏ un grupo de chicos y chicas
- ❏ tomar varias canoas
- ❏ empezar a llover
- ❏ perder el rumbo
- ❏ estar una hora perdidos
- ❏ rescatarles un barco de vigilancia de la costa

Otro día...
- ❏ organizar un concurso de baile en el hotel
- ❏ presentarse
- ❏ buscar pareja
- ❏ bailar durante horas
- ❏ ganar el concurso en la especialidad de "salsa cubana"
- ❏ recibir como premio: una cena para dos en el mejor restaurante de la zona

Y el último día de las vacaciones...
- ❏ ir a la playa muy temprano
- ❏ hacer "footing"
- ❏ llevar la cámara de fotos
- ❏ hacer muchas fotos para no olvidar aquellas vacaciones
- ❏ encontrar una caracola gigante en la que se escuchaba el sonido del mar

noventa y uno

¡Empieza la función!

10. ¡Vamos a averiguar quién es pareja de quién!

Bueno, fue en una fiesta: estuvimos bailando y hablando toda la noche... No sé, fue muy romántico.
Luis, 17 años

Siempre me interesó la cultura oriental y un día llegó al Instituto una chica japonesa muy tímida y reservada, hasta que un día hablé con ella y descubrí a una persona muy interesante e inteligente.
Robert, 16 años

Yo salgo con un chico de mi clase y lo conozco desde siempre, pero no me fijé en él hasta este año. Ahora somos inseparables.
Mariza, 14 años

Nos conocimos en un *chat* de aficionados a la fotografía... Nos dimos cuenta de que teníamos muchas cosas en común, y empezamos a escribirnos mensajes electrónicos hasta que un día quedamos para conocernos.
Tom, 20 años

En Japón no es normal salir con un chico en el Instituto, pero, aquí, en Estados Unidos, sí. Algún día visitaremos mi país juntos.
Li, 15 años

No nos vemos mucho porque ella vive en París y yo en Estrasburgo, pero nos mandamos correos electrónicos todos los días... !Ah, sí, nos conocimos en un curso de español!
Bernard, 17 años

Y tú, ¿cómo lo/la conociste?

Fue en la fiesta de Nochevieja del año pasado en casa de unos amigos de mis padres. Hablamos y bailamos durante toda la noche y, después de tomar las doce uvas, me dio un beso, ¡el primer beso de mi vida!
Lorena, 15 años

¡No vas a creerlo, pero nos conocimos a través de Internet...! Y a él también le encanta la fotografía.
Kritin, 18 años

Pensarás que es increíble, pero nosotros nos conocimos en el Jardín de Infancia. ¡Como lo oyes!
Leo, 14 años

Pues... nosotros nos conocimos en un curso de español en la Universidad Internacional Menéndez Pelayo de Santander, que está en el norte de España. Fue durante el mes de julio del año pasado y nunca lo olvidaré porque fue un mes increíble: el ambiente, la ciudad, los profesores, la playa, y toda la gente alucinante que conocí allí.
Natalie, 18 años

¡Empieza la función!

11. Si lees este cómic de Maitena, podrás aprender un montón de expresiones coloquiales que son utilizadas con frecuencia por los jóvenes.

1. **colega:** *col.* amigo o compañero.
2. **catear:** *col.* suspender un examen.
3. **faltar a clase:** no ir/asistir a clase.
4. **me tiene manía:** antipatía hacia alguien.
5. **por los pelos:** *col.* por muy poco.
6. **mosquearse o cabrearse:** *col.* enfadarse.
7. **por la cara:** *col.* sin gastarse dinero (*de gorra*).
8. **alucinar a colores:** *col.* sorprenderse.
9. **ser una pasada:** *col.* ser increíble.

Nuestro mundo

12. ¿Te gusta viajar? ¿Quieres participar en actividades promovidas por jóvenes?

Documento Nacional de Identidad

Pasaporte

Carné de conducir internacional

Tarjetas de crédito
Cheques de viaje

CARNÉ JOVEN EURO'26
Si tienes menos de 26 años. Puedes conseguir descuentos en transportes, alojamientos, actividades culturales y compras en la mayoría de los países europeos.
Precio: de 2 a 9 euros.

ISIC
Si eres estudiante mayor de 12 años y estás realizando estudios a tiempo completo.
Precio: 4,20 euros.

GO'25
Si tienes menos de 26 años.
Precio: 4,20 euros.

Instituto de la juventud
injuve

REAJ
(Red Española de Albergues Juveniles)
Con él te puedes alojar en 191 albergues españoles y en más de 5.000 albergues de la Federación Internacional de Albergues Juveniles.

Modalidades:
- Juvenil: de 14 a 25 años. Precio: 3 euros
- Adulto: de 26 y más años. Precio: 6 euros.
- Grupo: para un mínimo de 10 personas. Precio: 12 euros.
- Familiar: se puede incluir en él a hijos menores de 18 años. Precio: 18 euros.
- Extranjero: para los no residentes en el país. Precio: 11 euros.

Actividades en las que puedes participar (si tienes más de 18 años):

SVI (SERVICIO VOLUNTARIO INTERNACIONAL)
Campos de trabajo internacionales.
Trabajo no retribuido.
Viajes por cuenta de los interesados.
Alojamiento y manutención a cargo de la Asociación que organiza el campo de trabajo.
Trabajos sobre: arqueología, medio ambiente, reconstrucción y temas de interés social.

INTERCAMBIOS JUVENILES con jóvenes de otros países
INICIATIVAS JUVENILES DE GRUPO

Si deseas obtener más información...

EYCA
(European Youth Card Association/ Asociación Europea del Carné Joven)
Leidsestraat 59 II, 1017 NV Amsterdam
(Países Bajos)
Tel. + 31 20 428 2840, Fax + 31 20 427 5400
mail@eyca.org   www.eyca.org

INJUVE, Instituto de la Juventud

José Ortega y Gasset, 71. 28006 Madrid
Intercambios Juveniles: Tel. + 34 91 363 7740
euespa1@mtas.es
Iniciativas Juveniles de grupo: Tel. + 34 91 363 7693, sve@mtas.es
Servicio Voluntario Europeo: Tel. + 34 91 363 7642, eurespa@mtas.es
Fax + 34 91 363 7687

http://www.Iba a llamarte ahora mismo.es

10

Iba a llamarte ahora mismo

COMUNICACIÓN

- Hablar de costumbres
- Expresar la intención de hacer algo
- Dar excusas y explicaciones en el pasado
- Describir hechos del pasado
- Hablar de nuestro *currículum vitae*

EN CONTEXTO

- En una agencia de trabajo temporal
- En una ONG
- En un *casting*
- En un cibercafé

PALABRAS... Y GRAMÁTICA

- Pretérito imperfecto
- Pretéritos imperfectos irregulares
- Contraste imperfecto/presente (antes/ahora)
- *Soler* + infinitivo
- *Hace...* + [periodo de tiempo] *que* + presente

NUESTRO MUNDO

- ONG y voluntariado

1. ¿Qué pasa, tío?
2. Y tú, ¿cuánto tiempo llevas estudiando español?
3. ¡Oye, que te he dejado varios mensajes en el móvil...!

Y tú, ¿qué dices?

A. Casi dos años.
B. Sí, sí, ahora mismo iba a llamarte.
C. Ya ves..., chateando...

noventa y cinco 95

Bla, bla, bla

1. En acción.

En una agencia de trabajo temporal

> ¿Qué estudios tienes?
< El año pasado terminé la Secundaria y ahora estoy haciendo un curso de informática.
> ¿Idiomas?
< Hablo inglés y francés. Y estoy estudiando español en la Escuela Oficial de Idiomas.
> Muy bien... ¿Tienes alguna experiencia como azafata de congresos?
< El año pasado trabajé en un Congreso de Medicina y en la Feria Internacional del Libro.
> Muchas gracias, si te necesitamos, te llamaremos la próxima semana.

En un cibercafé

> ¿Qué pasa, *tío*?
< Ya ves... chateando... ¿No dijiste que esta tarde no ibas a venir?
> Te dejé un mensaje en el móvil... ¿No lo has oído?
< Es que estaba sin batería... ¡Oye, cómo *mola* esta página *web*...! Mira...

> ¡Hola! Quería información...
< ¿Para colaborar como voluntario?
> Sí... Me gustaría colaborar en la ayuda a personas mayores.
< ¿Has trabajado alguna vez en voluntariado?
> Hace dos años hice un curso con Cruz Roja Internacional y trabajé durante dos veranos.
< Bueno, primero rellena esta solicitud y, después, te daré hora para una entrevista.
> Muy bien, gracias.

En la ONG *Solidarios para el desarrollo*

En un *casting* para trabajar en el musical *Cats*

> ¿Cuántos años tienes?
< Dieciocho.
> Es la primera vez que te presentas a un *casting*?
< No, qué va, hago pruebas desde que tenía diez años. El año pasado hice dos anuncios en televisión y participé en una obra de teatro.
> ¿Qué estudios tienes?
< Estoy en tercero de la Escuela de Arte Dramático, y este verano iré a Nueva York con una beca para hacer un curso de baile moderno.
> Bueno, y...

¡Y ahora, tú!

| Para saludar de manera muy informal |
| Para expresar de forma coloquial que algo nos gusta mucho |
| Para expresar un deseo en el futuro |
| Para negar algo que alguien afirma |
| Para dar una excusa en el pasado |
| Para expresar de forma coloquial una cantidad de algo |

Mogollón de + sustantivo

¿Qué pasa, *tío*?

¡Cómo mola! (molar)

¡No, qué va!

Es que + pretérito imperfecto

A ver si + indicativo

Perdona, ¿qué dices?

2. Mario es un joven peruano que ha decidido trabajar durante las vacaciones de verano. Toma nota de los datos de su *currículum vitae*.

Currículum Vitae

FOTO

Datos personales
Nombre:
Apellidos:
Edad:
Nacionalidad:
Teléfono:
Correo electrónico:

Formación Académica
☐ Educación Secundaria Obligatoria
☐ Educación Secundaria

Experiencia

Idiomas

Informática
☐ Básico
☐ Medio
☐ Avanzado

Gustos y aficiones

3. Una chica española va a realizar una entrevista a un joven mexicano. Indica si las afirmaciones son verdaderas o falsas.

	V	F
1. Hace dos años que vive en España.		
2. Ha vivido en Argentina y Chile.		
3. Su infancia fue muy aburrida.		
4. Quiere llegar a ser un torero famoso.		

4. Un grupo de jóvenes va a hablar sobre sus aficiones en el pasado, que ahora han cambiado por otras debido a diversas causas.

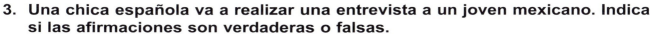

Antes
☐ Estudiar ballet
☐ Estudiar guitarra clásica
☐ Jugar al baloncesto
☐ Aprender música
☐ Hacer gimnasia rítmica

Lo dejó porque...
☐ Las clases eran muy caras.
☐ Me quitaba mucho tiempo para estudiar.
☐ No tenía tiempo libre.
☐ Me dolía la espalda.
☐ Me resultaba aburrido y sacrificado.

Ahora
☐ Colaborar con una ONG
☐ Pertenecer a un grupo de teatro del barrio
☐ Hacer montañismo
☐ Tocar la flauta en un grupo de música popular
☐ Ser aficionado a la informática

¡Empieza la función

5. **Hablar de nuestras costumbres es hablar de nuestra vida y de nosotros mismos. Desde que Penélope Cruz vive en Estados Unidos ha cambiado algunas de sus costumbres.**

LA ACTRIZ ESPAÑOLA MÁS UNIVERSAL DE TODOS LOS TIEMPOS

> Penélope llegó, vio y triunfó en América, pero ahora ha decidido descansar durante una temporada.

< Pues sí, he trabajado a tope desde que llegué y, aunque no me arrepiento de nada, ahora necesito urgentemente un descanso.

> ¿En qué ha cambiado tu vida desde que vives en Estados Unidos?

< En muchas cosas, pero en nada fundamental: antes y ahora, lo más importante en mi vida es tener un techo, un plato de comida, familia y amigos... Bueno, es verdad que cuando vivía en España mi vida era más tranquila y pasaba más tiempo con mi familia.

6. **Ahora, contrasta los cambios que ha experimentado María desde que va al Instituto.**

ANTES
- Ir al colegio
- Llevar uniforme
- Tener el pelo largo
- Estudiar inglés
- Consultar la enciclopedia
- Salir con amigas y amigos
- Gustarle los Backstreet Boys
- Ir de compras con su madre y/o su hermana
- Gastar la paga semanal en tebeos y chuches

AHORA
- Ir al Instituto
- No llevar uniforme
- Tener el pelo corto
- Estudiar inglés y español
- Buscar información en Internet
- Salir con un chico de su edad
- Gustarle Britney Spears
- Ir de compras con sus amigas
- Gastar la paga semanal en el teléfono móvil y en ir al cine

ANTES
Solía + infinitivo
> Cuando era pequeña **solía dormir** con una luz encendida.
< ¿De verdad?

AHORA
Suelo + infinitivo
> Ahora **suelo madrugar** más.
< Pues, yo no... A mí me resulta imposible levantarme temprano.

Esquema Gramatical

antes
normalmente
frecuentemente
a menudo
a veces
todos los días
todos los fines de semana
en Navidad
cada (+ periodo de tiempo)
casi siempre
siempre

+ Pretérito imperfecto
Verbos en -ar: pensar
pens**aba**
pens**abas**
pens**aba**
pens**ábamos**
pens**abais**
pens**aban**

Verbos en -er: creer
cre**ía**
cre**ías**
cre**ía**
cre**íamos**
cre**íais**
cre**ían**

Verbos en -ir: salir
sal**ía**
sal**ías**
sal**ía**
sal**íamos**
sal**íais**
sal**ían**

Verbos irregulares
ir
iba
ibas
iba
íbamos
ibais
iban

ser
era
eras
era
éramos
erais
eran

ver
veía
veías
veía
veíamos
veíais
veían

¡Empieza la función!

7. En algún momento todos tenemos problemas que nos impiden hacer lo que otros esperan de nosotros y, a veces, tenemos que dar explicaciones y excusas.

Preguntar la causa
> ¿Por qué...?
> ¿Cómo es que...?
> ...¿y eso?

Dar una excusa o explicación
< Es que verás... + Presente / **Pretérito Imperfecto** / Pretérito

1 ¿Cómo es que no me llamaste ayer?

2 La semana pasada no entregaste tu redacción, ¿y eso?

3 ¿Por qué no viniste ayer a clase? Bueno, ni ayer ni anteayer.

4 Llegas tarde, y la película empezó hace diez minutos, ¿qué ha pasado?

5 Ayer no viniste al ensayo y la obra se estrena la próxima semana..., ¿tienes una buena excusa?

6 Vienes como una sopa..., ¿y eso?

7 ¿Cómo es que no fuiste al concierto de *Supertramp*? Fue increíble y no volverán a actuar hasta dentro de un año.

8 Necesitamos más información. ¿Por qué no imprimiste todo lo que encontraste en Internet?

9 ¿Cómo es que no fuiste a la fiesta de Jorge? Nos lo pasamos de maravilla...

10 ¡Oye! No fuiste al *casting*...

A Es que me dolía la cabeza.

B Es que tenía muchos deberes.

C Es que había mucho tráfico.

D Es que tenía fiebre.

E Es que no quedaban entradas.

F Es que estaba lloviendo a cántaros.

G Es que mi madre estaba en el hospital.

H Es que el ordenador no funcionaba.

I Es que no tenía cinta en la impresora.

J Es que no tenía batería en el móvil.

¡Empieza la función!

8. ¿Sabes cuál es la excusa perfecta? Pues "yo iba a + infinitivo", es decir, "tenía la intención de..., pero no pude".

> ¡Oye, guapa! ¿No dijiste que me ibas a llamar después de los exámenes?

< ¿Sí? ¿Dígame?

< Mira, **ahora mismo iba a llamarte**, en serio.

1
> ¡Apaga la tele y ponte a estudiar!

2
> ¡Hay que sacar la basura! ¡Y yo no puedo hacerlo todo...!

3
> No olvides que hoy es el cumpleaños del abuelo...

4
> Cristina te ha llamado ya tres veces durante la mañana...

5
> ¡¡¡El teléfono está sonando!!! ¿Es que no vas a cogerlo?

< ¡Ahora mismo iba a ponerme a estudiar!

< Voy, voy...

?

?

?

9. Pregúntale a tu compañero/a por la frecuencia de algunas de sus actividades.

Hace + **(periodo de tiempo)** *que* + **presente**
< ¿Cuánto tiempo hace que estudias español?
> Pues hace dos años (que estudio español).

Hace + **(periodo de tiempo)** *que no* + **presente**
< ¿Cuánto tiempo hace que no entrenas?
> Ya hace dos semanas (que no lo hago).

Llevar + **(periodo de tiempo)** + **gerundio**
< ¿Cuánto tiempo llevas estudiando español?
> Dos años.

Llevar + **(periodo de tiempo)** *sin* + **infinitivo**
< ¿Cuánto tiempo llevas sin hacer footing?
> Llevo ya dos semanas (sin hacer footing). Y si no entreno no voy a poder correr el maratón este año.

100 cien

¡Empieza la función!

10. ¿Verdad que quieres aprovechar las vacaciones para ganar un dinero extra o para hacer voluntariado? Pues elige una de estas propuestas, el perfil de uno de los candidatos, ve a la entrevista y... ¡Buena suerte!

Telepizza
Necesita
Repartidores a domicilio
Tel: 902 10 20 10

Comunidad de vecinos
Busca
Socorrista para el mes de julio
Tel: 91 5 67 23 41

O N G
Solidarios para el desarrollo
Necesita voluntarios
Tel: 91 7 56 34 55

Centro Cultural
Necesita voluntarios
para enseñar informática a mayores
Tel: 942 25 78 99

Necesito
Profesor particular de inglés para niño principiante
Tel: 609 22 14 53

Feria Internacional
Contrata
jóvenes con idiomas
Tel: 902 33 66 33

Cada uno/a elegirá el perfil de un candidato de manera que para cada oferta de trabajo haya dos o más candidatos y el entrevistador tenga la oportunidad de elegir al más adecuado.

Nombre: Lidia
Apellidos: Sannung
Nacionalidad: Finlandia
Edad: 16 años
Formación: Educación Secundaria Obligatoria
Idiomas: Finés, sueco, inglés y español
Informática: Nivel experto
Gustos y aficiones: El teatro, la música, los niños y los deportes

Nombre: Fabrizio
Apellidos: Tomassi
Nacionalidad: Italia
Edad: 17 años
Formación: Educación Secundaria Obligatoria y titulado en música
Idiomas: Italiano, inglés y japonés
Informática: Nivel básico
Gustos y aficiones: Música, idiomas y los niños

Nombre: Alicia
Apellidos: García García
Nacionalidad: España
Edad: 16 años
Formación: Educación Secundaria Obligatoria
Idiomas: Español e inglés
Informática: Experta programadora
Gustos y aficiones: Informática y tecnologías de la información

Nombre: Lorena
Apellidos: Da Rosa Mínguez
Nacionalidad: Portugal
Edad: 15 años
Formación: Educación Secundaria Obligatoria
Idiomas: Portugués, español e inglés
Informática: Nivel medio
Gustos y aficiones: Guitarra clásica y la moda

Nombre: Daniel
Apellidos: Smith
Nacionalidad: Inglaterra
Edad: 18 años
Formación: Educación Secundaria y título de Socorrismo
Idiomas: Inglés y francés
Informática: Nivel medio
Gustos y aficiones: El cine, los deportes y la literatura

Nombre: Erika
Apellidos: Sonmtang
Nacionalidad: Suráfrica
Edad: 17 años
Formación: Educación Secundaria
Idiomas: Inglés, francés y alemán
Informática: Nivel experto
Gustos y aficiones: Deportes y niños

Nuestro mundo

11. **Un mundo que necesita ayuda: ONG y voluntariado.** En grupos, buscad más información sobre formas de colaboración con alguna ONG.

Vivimos en un mundo lleno de desigualdades. Hay países desarrollados y países que necesitan ayuda para alcanzar un nivel de desarrollo que permita sobrevivir dignamente a sus ciudadanos. Hay gente muy rica y mucha gente que se muere de hambre. Hay personas que viven dignamente y otras que sufren la discriminación (por razones de raza, sexo, religión o ideas políticas) y la injusticia. Las Organizaciones no gubernamentales (ONG) desarrollan proyectos de cooperación para el desarrollo y ayuda contra la pobreza y la injusticia. ¿Por qué no colaboras con alguna de ellas? Aquí tienes información sobre algunas.

CÁRITAS

Fines: Lucha contra la pobreza.
Recursos: 30% de subvención pública y 70% donantes anónimos.
Proyectos: Centroamérica - Colombia - El Salvador - Etiopía - India - Kosovo - Mozambique - Perú - Turquía - Venezuela.
Información: www.caritas.org

MÉDICOS SIN FRONTERAS (MSF)

Fines: Ofrecer ayuda médica donde se necesite.
Recursos: Subvenciones y aportaciones voluntarias.
Proyectos: Ayuda a los chechenos que huyen de la violencia; contra el brote del mal de ébola en Congo-Brazzaville; vacunación contra el sarampión y la malaria en África; contra la desnutrición en Afganistán; ayuda a los campos de refugiados afganos en Pakistán.
Información: www.msf.org

INTERMÓN OXFAM

Fines: Soluciones a la pobreza, el sufrimiento y la injusticia en más de 100 países.
Recursos: Subvención pública y aportaciones voluntarias.
Proyectos: Más de 550 proyectos de cooperación y desarrollo en países de África, América Latina y Asia (ayuda a las personas de la República Democrática del Congo y de Ruanda afectadas por la erupción del volcán Nyiragongo; distribución de 250.000 litros de agua al día en Goma y en la RD Congo).
Información: www.oxfam.org / www.intermon.org

CRUZ ROJA JUVENTUD

Fines: Asociación de niños, niñas y jóvenes que tiene como fines la educación preventiva de la salud, el respeto y la valoración del medio ambiente, y la solidaridad y la paz.
Proyectos: Prevención de enfermedades en la población juvenil (VIH-SIDA, malaria, fiebre amarilla...), respeto y cuidado del medio ambiente; fomento de la solidaridad.
Información: www.cruzroja.org

MANOS UNIDAS

Fines: Conseguir un mundo más justo y solidario: lucha contra la pobreza, el hambre, la malnutrición, la enfermedad, la falta de instrucción, el subdesarrollo y contra sus causas.
Recursos: Subvenciones y aportaciones voluntarias económicas.
Proyectos: Proyectos de desarrollo en los países del Sur y campañas de sensibilización social en España (concurso de carteles o de prensa, radio y televisión sobre lemas como "El desarrollo, camino de la paz" o "Si quieres la paz, rechaza la violencia".
Información: www.manosunidas.org

http://www.Pues no fue tan buena como pensaba.es

Pues no fue tan buena como pensaba

COMUNICACIÓN

- ❏ Contar algo sucedido en el pasado
- ❏ Describir algo en el pasado
- ❏ Expresar decepción
- ❏ Decir cuántas veces en la vida hemos hecho algo
- ❏ Decir cuándo fue la última vez que hicimos algo

EN CONTEXTO

- ❏ En un bar
- ❏ En el parque

PALABRAS… Y GRAMÁTICA

- ❏ Contraste perfecto/indefinido/imperfecto
- ❏ Usos del imperfecto
- ❏ Marcadores del relato

NUESTRO MUNDO

- ❏ Países y lugares más visitados

1 ¿Has visto El señor de los anillos?

2 ¿Cuándo fue la última vez que comiste pizza?

3 ¿Cuántas veces en tu vida has cocinado algo para tu familia?

Y tú, ¿qué dices?

A No sé, pero, por lo menos hace dos o tres semanas.

B Sí, pero no ha sido tan buena como esperaba.

C Creo que nunca.

ciento tres 103

11. Bla, bla, bla

1. En acción.

En un bar

> Nos pone dos coca-colas, por favor.
< No te ha gustado mucho la película, ¿verdad?
> Bueno, el argumento era demasiado típico...
< Eso es verdad... Pero la música era increíble, ¿no?
> No tanto como esperaba, la verdad es que me ha decepcionado un poco.

* ¿Qué os pongo?
< A mí, ponme un café con leche.
> A mí, otro, por favor.
< Bueno, ¿cómo es que no viniste a la fiesta el sábado?
> Ya te lo dije, tenía que estudiar para los exámenes...
< ¡Eres un rollo!
> ¿Qué tal lo pasasteis?
< Bueno, la verdad es que no fue tan divertida como esperaba.
> ¿Y eso?
< Es que no había mucha gente y...

En el parque

> Venga, cuéntame... ¿Qué tal anoche?
< ¡Genial!
> ¿Adónde fuisteis?
< Bueno, Luis vino a recogerme a casa en su moto nueva..., ¡es preciosa! Y fuimos a un restaurante mexicano que está muy cerca de la Plaza Mayor...

> ¿*México Lindo*?
< Sí, ¿lo conoces?
> Estuve una vez el año pasado... Bueno, ¿y qué más?
< Pues, después fuimos a bailar salsa y...
> ¿Y a qué hora volviste a casa?
< ¡A las tantas!

¡Y ahora, tú!

Para expresar decepción	¡Venga...! ¡No lo esperaba!
Para expresar que se ha llegado muy tarde a casa	¡A las tantas!
Para pedir algo en un bar	¿Me pone...? / ¿Nos pone..., por favor?
Para animar a alguien a hacer algo	
Para preguntar el motivo de algo	¿Y eso?

104 ciento cuatro

Perdona, ¿qué dices?

11

2. Quienes han tenido la experiencia de hacer el Camino de Santiago aseguran que todo el mundo debería hacerlo al menos una vez en la vida. Escucha el relato de estos jóvenes y señala en el mapa el itinerario.

Recorrer el camino de Santiago desde Roncesvalles hasta Santiago de Compostela es una tradición que tiene un origen religioso y que los peregrinos hacían para honrar la tumba del apóstol Santiago.

Actualmente es necesario recorrer a pie, en bicicleta o a caballo una parte del recorrido (al menos 100 km. a pie o a caballo o 200 km. en bicicleta) para recibir "La Compostela", una certificación oficial que otorga la Catedral de Santiago a los peregrinos.

Necesitas:
- Fotocopia del carné de la Seguridad Social
- Fotocopia del carné de identidad (D.N.I.)
- Fotocopia del carné de alberguista
- Mapa y guía
- Linterna
- Mochila
- Bordón (una buena vara de roble o pino para apoyarse al caminar)
- Saco de dormir
- Sombrero
- Gafas de sol y cremas antiinflamatorias y de protección solar
- Cámara de fotos
- Chubasquero
- Bañador
- Papel higiénico y bolsas de plástico
- Ropa y calzado cómodos
- Toalla
- Botiquín
- Libreta y bolígrafo

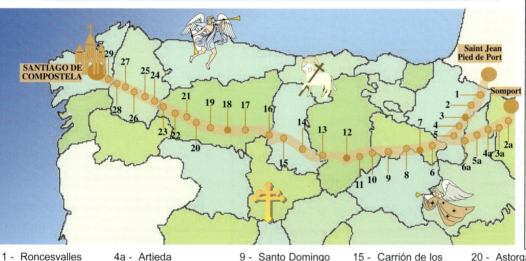

1 - Roncesvalles	4a - Artieda	9 - Santo Domingo de la Calzada	15 - Carrión de los Condes	20 - Astorga	25 - Triacasicia
1a - Somport	5 - Estella	10 - Belorado	16 - Terradillos de Templarios	21 - Rabanal del Camino	26 - Barbadelo
2 - Larrasoaña	5a - Sangüesa	11 - San Juan	17 - El Burgo Ranero	22 - Ponferrada	27 - Gonzar
2a - Jaca	6 - Los Arcos	12 - BURGOS	18 - LEÓN	23 - Villafranca del Bierzo	28 - Melide
3 - PAMPLONA	6a - Monreal	13 - Hontanas	19 - Villar de Mazarife	24 - O Cebreiro	29 - Arca
3a.- Monreal	7 - LOGROÑO	14 - Frómista			
4 - Puente la Reina	8 - Nájera				

3. ¿Quieres saber lo que le pasó a esta famosa cantante durante una gira internacional para promocionar su último disco?

¿Dónde?

¿Qué?

¿Por qué?

4. Algunas personas van a contarte cosas que les ocurrieron ayer. Toma nota y presta atención al uso de los tiempos verbales.

1 _____

2 _____

3 _____

ciento cinco 105

¡Empieza la función!

5. *Pues, resulta que...* Esta es la manera en que empezamos a contar algo de manera informal.

> Pues resulta que...
> Pues mira, que...

Contamos hechos, acontecimientos

Describimos

PERFECTO
hoy
esta mañana
este fin de semana
estas vacaciones
este año
todavía no / ya

(La acción afecta al presente)

INDEFINIDO
ayer
un día
hace tiempo
durante (+ periodo de tiempo)
la semana pasada

(La acción afecta al pasado)

IMPERFECTO
Acciones habituales
Costumbres

Circunstancias y contextos
Acciones que son interrumpidas

Características de personas, lugares y cosas

> ... total que ...
> ... y, nada, que ...

Lee lo que cuenta María y completa las acciones.

Pues, mira, lo que me (pasar) .... hace unos días .... alucinante. Una tarde, chateando por Internet, (conocer, yo) .... a un chico genial. (Vivir, él) .... en la misma ciudad que yo y (tener, nosotros) .... un montón de cosas en común. Él me (decir) .... que (tener, él) .... veintiséis años, ¡diez más que yo! Y yo le (mentir) .... sobre mi edad. Así que me (proponer, él) .... quedar para conocernos y a mí me (parecer) .... una idea superbuena. (Llegar) .... el día y (quedar, nosotros) .... en una cafetería del centro. Al entrar, sólo (haber) .... un chico sentado y *me quedé de piedra*... ¡El chico que (estar) .... allí (ser) .... uno de mis profes! Me (acercar, yo) .... a saludarlo *muy cortada*... Pero (estar) .... claro, él (saber) .... que yo (ser) .... la chica de Internet. ¡Qué corte, tía! Total que...

(María, 16 años, España)

Y ahora, en grupos, imaginad cómo termina la historia de María.

¡Empieza la función!

6. Fíjate y... completa con tu compañero/a las narraciones.

1

Pues, **resulta que** el otro día me (presentar) .... al examen de conducir, y la verdad es que (estar) .... *como un flan*, bueno, lo normal. **El caso es que** todo (ir) .... bien hasta que me (saltar) .... un semáforo en rojo... **Total que** (suspender) .... el examen y *estoy hecho polvo*.

(Mark, 16 años, Estados Unidos)

- Estar como un flan: *col.* nervioso.
- Estar hecho/a polvo: *col.* cansado o deprimido.

Esquema Gramatical

Para secuenciar la narración
- primero
- luego
- entonces
- después

Para introducir una acción importante
- y en ese momento
- de repente
- de pronto

Para introducir una reflexión personal
- la verdad es que...
- si te digo la verdad, ...
- realmente creo que...
- el caso es que...

Para expresar una consecuencia
- así que...
- por lo tanto...
- y por eso...

2

Resulta que esta mañana (levantarse) .... temprano porque (tener) .... que estudiar para el examen y, **de repente**, (oír) .... un ruido. **Así que** (bajar) .... al salón y... ¡adivina lo que (ver) ....! Pues un gato que (estar) .... jugando con el mando de la televisión. Supongo que (entrar) .... por alguna ventana, pero ¡vaya susto!

(Lorena, 14 años, Austria)

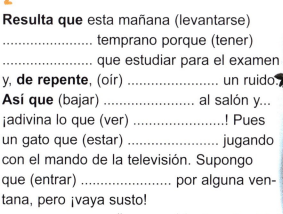

3

Pues, nada, que el sábado (ir) .... al cine con Carlos y cuando (salir) .... , (encontrarse) .... con una ex-novia... (Empezar) .... a hablar, y **si te digo la verdad**, después de veinte minutos, yo (estar) .... *cabreada*, así que los (dejar) .... allí *dale que dale*. **Luego**, Carlos me (llamar) .... al móvil y me (dejar) .... varios mensajes que yo todavía no (contestar) .... **La verdad es que** ahora creo que *me* (pasar) .... *un poco*, pero es que él...

(Silvia, 15 años, Brasil)

- Cabreada (< cabrearse): *col.* enfadarse.
- Dale que dale: *col.* expresa enfado o molestia por una acción que continúa.
- Me pasé un poco (< pasarse): excederse o sobrepasar un límite.

ciento siete 107

¡Empieza la función!

7. ¿Por qué no nos explicas las circunstancias en que ocurrieron estos hechos? Recuerda que las circunstancias y los contextos los expresamos con PRETÉRITO IMPERFECTO.

8. A veces las cosas no son como imaginábamos y nuestras expectativas son distintas de la realidad. A eso lo llamamos decepción.

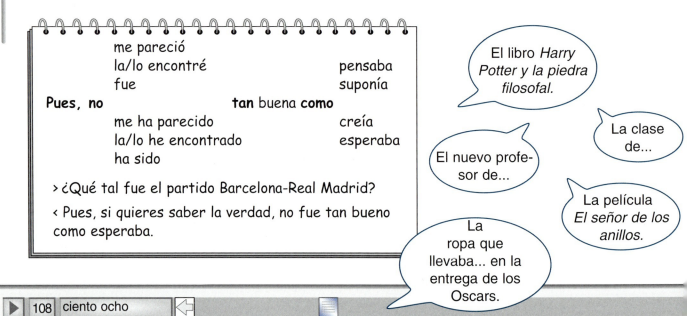

¡Empieza la función!

9. Pregúntales a tus compañeros/as cuántas veces en su vida han hecho las siguientes cosas. Así sabrás mucho más de ellos.

> ¿Cuántas veces en tu vida te has declarado a un chico/a?

< Pues, muchas, pero no sé exactamente cuántas.

¿Cuántas veces en tu vida + PRETÉRITO PERFECTO?

- Besar a un chico/a.
- Cocinar algo para tu familia.
- Llegar tarde a clase.
- Tener un sueño agradable.
- Viajar al extranjero.
- Olvidar poner el nombre en un examen.
- Perder las llaves de casa.
- Declararse a un chico/a.
- Conseguir un éxito importante.
- Empezar una nueva colección de algo.
- Cambiar de idea sobre tu futuro profesional.
- Perder información en el ordenador.
- Encontrar algo perdido en la calle.
- No saber qué ponerte para salir.
- Querer ser rico/a.
- Tener que pedir disculpas.

10. Y, ahora, ¿por qué no preguntas a algún compañero/a cuándo fue la última vez que hizo alguna de estas cosas?

> ¿Y tú? ¿Cuándo fue la última vez que recibiste un regalo?

< Pues **hace unos días**, por mi cumple.

¿Cuándo fue la última vez que + PRETÉRITO INDEFINIDO?

- Ir a un concierto
- Mentir a alguien
- Tener una pesadilla
- Perder algo
- Ir al cine
- Cortarse el pelo
- Ir a una *disco*
- Ir en avión
- Recibir un regalo
- Beber demasiado
- Ir al médico
- Comer pizza
- Besar a un chico/a
- Chatear en Internet
- Montar en bicicleta
- Felicitar a alguien
- Hacer un regalo
- Suspender un examen
- Pedir dinero a tus padres
- Discutir con un amigo/a
- Dormir más de ocho horas
- Escribir un correo electrónico
- Comer en un restaurante chino
- Discutir con tus padres

ciento nueve 109

Nuestro mundo

11. ¿Te gusta viajar? Aquí tienes los países y los lugares más visitados del mundo.

Si has estado en alguno de ellos, cuenta a tus compañeros qué hiciste. ¿Dónde te gustaría ir y qué te gustaría hacer? Tal vez puedes realizar una visita virtual y narrar tu experiencia.

- REINO UNIDO — Londres: El Parlamento
- ESPAÑA — Granada: La Alhambra
- FRANCIA — París: La Tour Eiffel
- JAPÓN — Kioto: Templos
- MÉXICO — Ciudad de México
- ISRAEL — Jerusalén: El Muro de las Lamentaciones
- CHINA — La muralla china
- POLONIA — Ciudad de Cracovia
- EGIPTO — Las Pirámides de Gizeh
- ALEMANIA — Crucero por el Rhin
- ESTADOS UNIDOS — Nueva York: La estatua de la Libertad
- ARABIA SAUDÍ — La Meca: La Kaaba
- PERÚ — Las Ruinas de Machu Picchu
- ITALIA — Roma: El Coliseo
- AUSTRIA — Viena: Palacios
- RUSIA — Moscú: El Kremlin
- REPÚBLICA CHECA — La ciudad de Praga
- BRASIL — Las cataratas de Iguazú
- HUNGRÍA — La ciudad de Budapest
- GRECIA — Atenas: La Acrópolis

12

http://www.Podríamos hacer algo interesante, ¿no?.es

Podríamos hacer algo interesante, ¿no?

COMUNICACIÓN
- Hacer propuestas sugerentes
- Expresar preferencias
- Aconsejar y ponerse en el lugar de otro

EN CONTEXTO
- En casa de un amigo
- En el gimnasio del Instituto
- En la agencia de viajes *Mundo Joven*

PALABRAS... Y GRAMÁTICA
- Condicional
- Condicionales irregulares
- ¿Te/os gustaría/apetecería...?
- Podríamos + infinitivo
- Yo, en tu lugar... Yo que tú + condicional

NUESTRO MUNDO
- La defensa de un mundo en equilibrio: el punto de vista de Greenpeace

1. ¿En serio?
2. Mi padre es un hueso...
3. ¿El qué?

Y tú, ¿qué dices?

A. No tanto como el mío.
B. Pues, no sé... ¡Algo!
C. ¡Claro, hombre!

ciento once

Bla, bla, bla

1. En acción.

En casa de un amigo

> Jo, tío, este año no me gustaría pasar todas las vacaciones con mis padres... ¡*Son unos muermos*!
< Ya... Pues podrías venirte unos días a la playa conmigo... Sólo estarán mis hermanos mayores y una prima mía.
> ¿En serio?
< ¡Claro, hombre! ¡Nos lo podríamos pasar supergenial! ¡Allí hay *una marcha* increíble!
> No sé si mis padres me dejarán... ¡Mi padre *es un hueso*!
< No tanto como el mío...
> ¿Que no? ¡Ya verás! Bueno, se lo preguntaré esta noche... ¡Ojalá...!
< ¡Venga, tío, seguro que te dejan, ya lo verás!

En la Agencia de viajes Mundo Joven

> ¡Hola! ¿En qué puedo ayudaros?
< Verá, querríamos información sobre ofertas para viajes de fin de curso...
> ¿Habéis pensado en algún lugar?
< Bueno, nos gustaría ir a la playa.
> Entiendo... ¿Qué presupuesto tenéis?
< Más o menos trescientos euros por persona, quizá algo más...
> Pues podríais ir a Mallorca... Tenemos una oferta para el mes de junio: una semana serían 250 euros por persona.
< ¿Y eso incluye el vuelo?
> Sí, claro. Tomad estos folletos... Y si queréis más información, podéis visitar nuestra página en Internet www.mundo joven.es
< Muchas gracias.
> ¡A vosotros!

En el gimnasio del Instituto

> A ver, que tenemos que hablar del viaje... ¿Cómo vamos a conseguir dinero?
< Bueno, yo he pensado que podríamos hacer una lotería para Navidad.
* Es una buena idea...
+ También podríamos organizar una fiesta de disfraces...
* Pero... ¿dónde?
+ Pues aquí, en el Instituto...
> ¡Estás loca! ¿Tú crees que nos dejaría la directora? Yo sinceramente creo que no.
+ Al menos, podríamos preguntarlo, ¿no?
º Otra manera de conseguir *pelas* sería vender algo...
+ ¿El qué?
º Pues, no sé, ¡algo!

¡Y ahora, tú!

Para decir que alguien o algo es aburrido	¡Es un muermo!
Para decir que en un lugar hay mucha animación	Hay una marcha increíble.
Para decir que una persona es muy estricta	¡Es un hueso!
Para asegurar que ocurrirá lo que pensamos	¡Ya verás!
Para expresar un deseo	¡Ojalá...!
Para animar a alguien a hacer algo	¡Venga, ...!

Perdona, ¿qué dices?

2. Luis y Lolo están aburridos y no saben qué hacer este fin de semana. Escucha su conversación y señala qué van a hacer.

- ❏ Ir a patinar
- ❏ Ir al Mc Donald's
- ❏ Diseñar una página web
- ❏ Ir al cine
- ❏ Jugar al Trivial Pursuit
- ❏ Chatear por Internet
- ❏ Estudiar

3. ¿No sabes cómo mejorar tu español? Escucha las experiencias y los consejos de estas personas y toma nota. Después, elige tres de las cosas que harías tú.

1	
2	
3	
4	
5	

4. Quieres hacer un curso de español en un país de habla hispana, ¿verdad? Pues escucha las recomendaciones de estos jóvenes, marca en el mapa el país y toma nota de las razones.

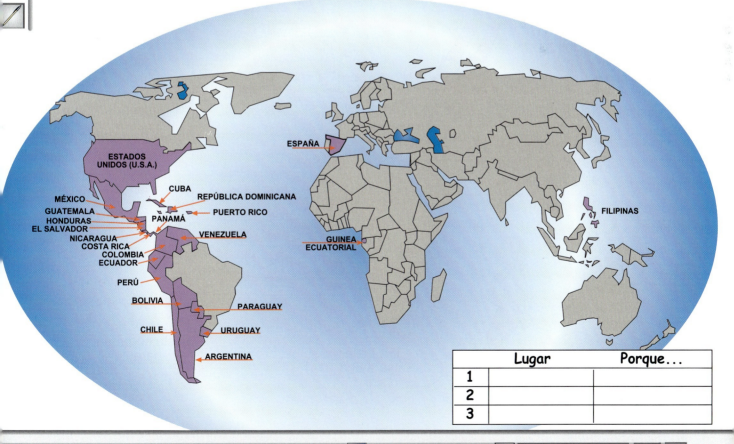

	Lugar	Porque...
1		
2		
3		

ciento trece 113

¡Empieza la función!

5. ¡Todos los fines de semana hacemos lo mismo! ¿Por qué no les propones a tus amigos algo diferente? Añade todas tus originales y sugerentes ideas.

> ¿Este "finde" podríamos hacer algo diferente, ¿no?

> ¡Oye! ¿Os apetecería ir a patinar sobre hielo?

< ¡Pues, tú mismo! Sugiere algo, a mí no se me ocurre nada.

< Me parece una idea genial, sería la primera vez que me pongo unos patines, pero bueno...

Esquema Gramatical

Condicional

Verbos en -ar: pasar
pasar**ía**
pasar**ías**
pasar**ía**
pasar**íamos**
pasar**íais**
pasar**ían**

Verbos en -er: ver
ver**ía**
ver**ías**
ver**íamos**
ver**íais**
ver**ían**

Verbos en -ir: preferir
preferir**ía**
preferir**ías**
preferir**ía**
preferir**íamos**
preferir**íais**
preferir**ían**

Verbos irregulares

decir	diría
haber	habría
poder	podría
poner	pondría
querer	querría
saber	sabría
salir	saldría
tener	tendría
venir	vendría

Organizar una fiesta de disfraces.

Ir a patinar sobre hielo.

Hacer un *picnic* en el parque.

¿Te/os gustaría
¿Te/os apetecería + Infinitivo?
¿Podríamos

Hacer una acampada.

Ir a bailar salsa a una *disco*.

Preparar una fiesta sorpresa para...

¡Empieza la función!

6. Dentro de unos días es San Valentín y todos queréis sorprender a vuestra pareja, ¿verdad? ¡Este año vamos a ser más originales! Imagina qué harías si todo fuera posible durante 24 horas.

- Preparar una cena romántica con un menú muy sugerente.
- Taparle los ojos hasta llegar a una playa donde habrá una mesa preparada para una romántica cena y música de violín.
- Invitarle a dar una vuelta en globo.
- Enviarle una cesta de fresas y una caja de bombones con alguien disfrazado de corazón.
- Sorprenderle con una moto envuelta en papel de regalo.

7. Aunque no los conoces, estos jóvenes tienen problemas y tú podrías ayudarles con tus sugerencias y tus increíbles ideas.

> Pues, yo en tu lugar,
> Pues, yo que tú...   **+ CONDICIONAL**
> Pues, si yo estuviera en tu lugar...

1 Tengo 14 años y estoy locamente enamorada de un chico de la clase, pero él no me hace ni caso y yo no sé qué hacer para llamar su atención.
María

2 Soy marroquí y vivo en España desde hace varios años, ahora tengo 13. Mi padre no me deja salir con los chicos y chicas de mi edad.
Nehla

3 Tengo 16 años y este año con un poco de suerte acabaré la ESO, pero detesto estudiar y no sé qué hacer con mi vida.
Juan

4 Tengo 15 años y desde niña he querido ser cantante, pero mis padres no están de acuerdo. Ellos dicen que lo primero es tener un título universitario.
Ingrid

5 Creo que tengo un problema importante: me gusta la novia de mi mejor amigo y yo le gusto a ella, pero no sé qué hacer porque hace cinco años que mi actual novia y yo salimos juntos, nuestros padres se conocen y le tengo mucho cariño.
Ismael

6 El año pasado me rompí una pierna esquiando y los médicos me han prohibido la mayor parte de los deportes, pero me gustaría practicar alguno y pertenecer a un club.
Ana

ciento quince 115

¡Empieza la función!

8. Seguramente alguna vez has pensado en lo que harás al terminar tus estudios de Educación Secundaria Obligatoria. Tendrás 16 años y varias posibilidades, ¿por qué no les comentas a tus compañeros/as lo que te gustaría hacer y por qué?

	EDAD						
EDUCACIÓN INFANTIL	0						1er ciclo
	3						2º ciclo
EDUCACIÓN PRIMARIA	6	1º					1er ciclo
		2º					
		3º					2º ciclo
		4º					
		5º					3er ciclo
		6º					
EDUCACIÓN SECUNDARIA OBLIGATORIA	12	1º					
		2º					
	14	3º	Itinerario general de Orientación Científico-Humanística		Itinerario general de Orientación Técnico-Profesional		
		4º	Itinerario Orientación Científica	Itinerario Orientación Humanística	Itinerario Orientación Técnico-Profesional		Inic. Profesional
			Título de graduado en educación secundaria				
FORMACIÓN PROFESIONAL GRADO MEDIO / BACHILLERATO	16	1º	Mod. Científico-Tecnológica	Mod. Humanidades y Ciencias Sociales	Mod. Artes	F.P. Grado Medio	C. Pofesional
		2º					
			Prueba General de Bachillerato Título de Bachiller			T. Técnico	
F.P. GRADO SUPERIOR	18					F.P. Grado Superior	M U N D O
						T. Técnico Superior	
EDUCACIÓN UNIVERSITARIA	18	1º 2º 3º 4º 5º 6º	Título de Diplomado				L A B O R A L
			Título de Licenciado				

¡Empieza la función!

9. ¿No sabes qué hacer durante las próximas vacaciones? ¡Vamos a proponerte un montón de ideas que, probablemente, tus compañeros/as podrán completar! Tendrás que discutir las ventajas e inconvenientes de cada una de ellas y decidirte por una.

> Pues yo elegiría el cámping en Francia, porque tendría la oportunidad de conocer a gente de todo el mundo, visitaría un país que no conozco, podría hablar francés y español...

Cámping Internacional
para jóvenes de 13 a 17 años
en Francia
durante el mes de agosto

¡Conocerás a jóvenes de todo el mundo!

Escuela Internacional de Español
Organiza
Cursos intensivos de comunicación en español

¡Hablarás durante las 24 horas del día!

Compañía de Teatro
Organiza
Cursos de interpretación en un anfiteatro griego

¡Aprenderás y te divertirás con nosotros!

Escuela de Vela
Organiza
un curso de navegación
durante 15 días en Holanda

¡Te convertirás en un marinero experto!

Taller de Escritura Creativa

¿Quieres ser escritor?

¡Anímate y ven a conocernos!

Prácticas de Arqueología
para jóvenes estudiantes en Perú

¡No es necesario tener conocimientos previos!

Au-pair en España
¿Estás interesado en practicar tu español y conocer mejor otra cultura?

¡Pues, sólo tendrás que pagar el vuelo!

¿Quieres ayudar a reconstruir un pueblo en Nicaragua?

¡Ponte en contacto con nosotros!

Nuestro mundo

10. La defensa de un mundo en equilibrio: el punto de vista de Greenpeace.

Nuestro mundo tiene algunos problemas producidos por un gran desarrollo técnico incontrolado. Greenpeace es una asociación ecologista internacional fundada en 1971, cuyo objetivo es luchar contra la degradación de la naturaleza. Realiza acciones de gran repercusión pública con el fin de presionar a los responsables. Estos son algunos de sus proyectos:

SALVAR EL CLIMA

El clima de la Tierra está cambiando debido a la excesiva utilización de combustibles fósiles: petróleo, gas y carbón. Su consumo desprende a la atmósfera dióxido de carbono, que produce el efecto invernadero: la Tierra se calienta cada vez más.

- Usar abusivamente petróleo y gas. Son fuentes de energía caras, no seguras y contribuyen al efecto invernadero.
- Controlar las explotaciones petrolíferas.
- Utilizar el coche para todos los desplazamientos.

- Utilizar fuentes de energía no contaminantes: energía solar, energía eólica, energía hidráulica.
- Salvar los ecosistemas árticos.
- Ir andando, en bicicleta o en transporte público.

A FAVOR DEL DESARME

Contra el diseño de armas modernas y el aumento de su poder destructivo.

- No a la Guerra de las Galaxias.
- No a las armas (nucleares, químicas o biológicas) de destrucción masiva.
- Prohibición de pruebas con armas nucleares.
- No a los sistemas de misiles.

- Sí a una vida futura sin amenaza nuclear y sin enfermedades producidas voluntariamente por los seres humanos.
- Acuerdos internacionales sobre control de armamento.
- Sí a un mundo "en paz" y "verde".

SALVAR EL AGUA

El agua es la fuente de la vida de nuestro planeta. Sin ella no pueden sobrevivir las plantas, los animales y las personas. Hoy algunos desastres naturales (inundaciones, sequías, hambre) son causados por el mal uso que hacemos del agua.

- No a la contaminación del agua (océanos, mares y ríos) con productos energéticos o tóxicos.

- Proyectos del aprovechamiento del agua que no degraden el medio ambiente.
- Compartir el agua.
- Adecuada utilización del agua: gastar sólo la necesaria (ducharse en vez de bañarse, lavar el coche con un cubo de agua y no con la manguera...).

SALVAR LOS BOSQUES

Los bosques están en peligro de extinción. Y también las plantas y animales que viven en ellos. Los bosques influyen en el clima local y ayudan a estabilizar el clima mundial.

- No a la deforestación.
- No a la tala indiscriminada de árboles.

- Presionar a los Gobiernos para que no destruyan los bosques.

¿Por qué no elaboráis, en grupos, carteles para apoyar las campañas de Greenpeace?

http://www.Realizar un programa de televisión.es

Realizar un programa de televisión
La juventud actual vista por los jóvenes

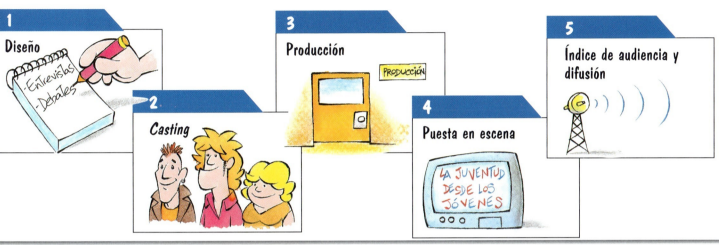

1 Diseño

1. Una importante productora de un canal hispano, Canal Joven, os ha propuesto el diseño y la realización de un programa de televisión de una hora de duración, que será retransmitido para más de 400 millones de hispanohablantes. Están interesados en ofrecer un monográfico sobre la juventud desde el punto de vista de los interesados, ¡VOSOTROS! Así que lo primero que tenéis que decidir es cuál va a ser el objetivo de este programa.

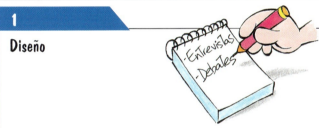

- Informar
- Entretener
- Divertir
- Provocar
- Darse a conocer
- Incrementar la audiencia de *Canal Joven*
- Obtener dinero
- Hacer famosos a los profesionales que intervienen

2. Ya sabemos cuáles son los objetivos... Pues, ahora es necesario diseñar nuestro programa y para ello debemos concretar el formato y la estructura del mismo. ¿Cuáles de las siguientes secciones queréis incluir en el programa para ofrecer vuestra visión de la juventud actual? ¡Podéis sugerir todo lo que queráis!

- ENTREVISTAS
- HORÓSCOPO
- PUBLICIDAD
- PASES DE MODA
- DEBATES
- CONCURSOS
- REPORTAJES
- MÚSICA (EN KARAOKE)

ciento diecinueve 119

http://www.Realizar un programa detelevisión.es

3. ¿Ya habéis decidido qué aspectos formarán parte de la estructura de vuestro programa? En ese caso, elaborad un diseño y presentádselo a la productora para su aprobación. Podría ser éste, pero seguro que el vuestro es distinto.

La juventud vista por los jóvenes

Duración: *1 hora*
Productora: *Canal Joven*
Director:
Ayudante de Dirección:
Montaje:
Fotografía:
Vestuario:
Maquillaje:
Sonido:
Cámara:

- ❏ Música
- ❏ Presentador(a)
- ❏ Reportaje
- ❏ Debate con expertos
- ❏ Presentador(a)
- ❏ Música en Karaoke
- ❏ ANUNCIO PUBLICITARIO
- ❏ Presentador(a)
- ❏ Pase de moda
- ❏ Presentador(a)
- ❏ Música en Karaoke
- ❏ ANUNCIO PUBLICITARIO
- ❏ Presentador(a)
- ❏ Vidente invitada
- ❏ Presentador(a)
- ❏ Despedida y final del Programa

2 Casting

4. Bien, ahora necesitáis a los profesionales que hagan realidad vuestro programa..., ¿no? Si es así, tenéis que publicar anuncios que describan al tipo de personas que buscáis.

Canal Joven
Productora de televisión
con más de 400 millones de teleespectadores
BUSCA
JÓVENES TALENTOS

Tfno: 609 23 45 36

PRESENTADOR(A) DE PROGRAMA
VIDENTE CON EXPERIENCIA EN TELEVISIÓN
EXPERTO EN TEMAS JUVENILES
INTÉRPRETES DE KARAOKE

5. El *casting* se va a celebrar dentro de unos días..., ¿has decidido ya a cuál de los anuncios vas a presentarte? Decídelo y prepara tu *currículum vitae* siguiendo el modelo.

CURRÍCULUM VITAE
- ❏ **Datos Personales**
  Nombre: Britney
  Apellido(s): Spears
  Nacionalidad: Inglaterra
  Edad: 21 años
  Teléfono: 609 38 99 21
  Correo electrónico: bs@wanadoo.uk
- ❏ **Estudios**
  Escuela de Arte Dramático de Nueva York
  Escuela Superior de Canto de Florencia
- ❏ **Experiencia**
  Espectáculos musicales
- ❏ **Carácter**
  Extrovertida, buen sentido del humor
- ❏ **Aficiones**
  Cine y fotografía

TU CURRÍCULUM VITAE
- ❏ **Datos Personales**
  Nombre:
  Apellido(s):
  Nacionalidad:
  Edad:
  Teléfono:
  Correo electrónico:
- ❏ **Estudios**
- ❏ **Experiencia**
- ❏ **Carácter**
- ❏ **Aficiones**

http://www.Realizar un programa detelevisión.es

6. Las entrevistas se celebran hoy en diferentes salas. No olvides que los entrevistadores son expertos en casting con reconocido prestigio y muchos años de experiencia. ¡Prepárate y buena suerte!

3
Producción

7. Ha llegado el momento de empezar la producción... Para ello, cada uno de vosotros tiene asignado un papel dentro del programa, así que ya podéis dirigiros a la Sala de Producción que os corresponde y... mostrad todo vuestro talento.

1 Pase de moda
2 Debate
3 Producción de documental
4 Sección del horóscopo
5 Música en karaoke
6 Anuncios publicitarios
7 Dirección

ciento veintiuno

http://www.Realizar un programa de televisión.es

4

Puesta en escena

8. Ahora, estáis listos, sólo necesitáis dar publicidad a vuestro programa. Queremos que lo vean todas las personas que aprenden español en el Centro.

> LA PRODUCTORA *CANAL JOVEN@* EN ESPAÑOL
> TIENE EL GUSTO DE PRESENTAR SU NUEVO PROGRAMA
> DE TELEVISIÓN
>
> *La juventud vista por los jóvenes*
>
> TENDRÁ LUGAR EL DÍA____ DE ____
> A LAS _____
> EN _____
>
> ¡OS ESPERAMOS A TODOS!

5

Índice de audiencia y difusión

9. Es tarea vuestra decidir cómo vais a medir el índice de audiencia y el éxito del programa.

10. ¿Quién de vosotros podría escribir una reseña periodística sobre la puesta en escena del nuevo programa de Canal Joven?

TEXTOS GRABADOS

UNIDAD PRELIMINAR

Actividad 1. Nos conocemos
¿Cómo te llamas?
Me llamo Arantxa.
¿De dónde eres?
Soy de Euskadi.
¿Dónde vives?
Vivo en Bilbao.
¿Cuál es tu dirección?
Calle Cruz, número 6.
¿Cuál es tu número de teléfono?
El 94 415 32 97.
¿Cuántos años tienes?
Tengo 13.
¿Cuándo es tu cumpleaños?
El doce de diciembre.
¿Cuál es tu signo del zodiaco?
Escorpio.
¿Cómo se llaman tu padre y tu madre?
Mi padre se llama Iñaki y mi madre, Idoia.
¿Cuántos hermanos tienes?
Dos.
¿Cómo se llaman?
Mi hermana se llama Ainoa y mi hermano, Nacho.
¿A qué hora te acuestas y a qué hora te levantas?
De lunes a viernes, me levanto a las siete y media y me acuesto a las 11. Los fines de semana me levanto más tarde y me acuesto también muy tarde.
¿Cuáles son tus comidas preferidas?
Lo que más me gusta es la pizza y la merluza a la vasca.
¿Cuáles son tus bebidas preferidas?
La coca-cola y el zumo de naranja.
¿Qué ropa prefieres ponerte?
Prefiero la ropa deportiva: camiseta, chándal o vaqueros y zapatillas de deporte.
¿Cuáles son tus diversiones o juegos preferidos?
Me gusta salir con mis amigos y tocar la guitarra.
¿Qué deportes te gusta practicar?
En en Instituto juego al baloncesto, pero también me gusta mucho el tenis.
¿Cuáles son tus canciones y grupos musicales preferidos?
Me gusta la música "pop". Mi cantante preferida es Britney Spears.
¿Cuáles son tus programas de televisión preferidos?
Prefiero los programas juveniles como "Compañeros" o "Al salir de clase".
¿Qué películas te gustan más?
Prefiero las de aventuras y las de terror.
¿Qué lenguas hablas?
Español, euskera y un poco inglés.
¿Cómo es tu mejor amigo?
Es simpático y no miente nunca.

Actividad 5. Juega
A de... avión; A de... abrigo; A de... agua; A de... árbol. A de...
Be de... bicicleta; Be de... barco; Be de... bebé; Be de... botella; Be de...
Ce de... carta; Ce de... cabeza; Ce de... caballo; Ce de... culebra; Ce de...
Che de... chicle; Che de... chaqueta;Che de... champú; Che de... chorizo;Che de...
De de... dado; De de... dedo; De de... diente; De de... Drácula; De de...
E de... espejo; E de... elefante; E de... euro; E de... estudiante; E de...
Efe de... falda; Efe de... fantasma; Efe de... farola; Efe de... fuerte; Efe de...
Ge de... gato; Ge de... goma; Ge de... globo; Ge de... gordo; Ge de...
Hache de...helado; Hache de... hierba; Hache de... huevo; Hache de... hablar; Hache de...
I de... isla; I de... instituto; I de... igual; I de... iguana; I de...
Jota de... jabón; Jota de... jersey; Jota de... jirafa; Jota de... jugar. Jota de...
Ka de... kilo; Ka de... koala; Ka de... kárate; Ka de... kimono; Ka de...
Ele de... libro; Ele de... luna; Ele de... león; Ele de... leopardo; Ele de...
Elle de... llave; Elle de... lluvia; Elle de... llama; Elle de... llorar; Elle de...
Eme de... mar; Eme de... moto; Eme de... mesa; Eme de... mano; Eme de...
Ene de... nariz; Ene de... nube; Ene de... nieve; Ene de... nombre; Ene de...
Eñe de... niña; Eñe de... piña; Eñe de... pañuelo; Eñe de... año; Eñe de...
O de... ojo; O de... oso; O de... oreja; O de... oveja; O de...
Pe de... payaso; Pe de... pie; Pe de... puerta; Pe de... patata; Pe de...
Cu de... queso; Cu de... quiosco; Cu de... quince; Cu de... querer; Cu de...
Erre de... ratón; Erre de... rosa; Erre de... río; Erre de... rama; Erre de...
Ese de... silla; Ese de... sirena; Ese de... salero; Ese de... sol; Ese de...
Te de... teléfono; Te de... tijeras; Te de... tarta; Te de... tierra; Te de...
U de... uña; U de... uvas; U de... uve; U de... uno; U de...
Uve de... vaso; Uve de... vaca; Uve de... viento; Uve de... ver; Uve de...
Uve doble de... waterpolo; Uve doble de... página web; Uve doble de... windsurf; Uve doble de... western;Uve doble de...
Equis de... taxi; Equis de... examen; Equis de... extintor; Equis de... exprimidor; Equis de...
I griega de... yogur; I griega de... yema; I griega de...yegua; I griega de... y; I griega de...
Zeta de... zapato; Zeta de... zorro; Zeta de...zanahoria; Zeta de... zeta; Zeta de...

También puedes jugar así:
M de... mantel; Ele de... león; Ene de... nariz; Zeta de... zanahoria. A de... avión; Ene de... noria; A de... abrigo; O de... ojo; O de... oreja; A de... aceituna

UNIDAD 1
Actividad 2
Uno. MARÍA SÁNCHEZ VARELA... Aula 3 Dos. ADRIAN HARRISON... Aula 5 Tres. DUNIA CARDOSO DE SOUSA... Aula 2 Cuatro. CRISTINA LÓPEZ GONZÁLEZ... Aula 1 Cinco. ABEER MOHAMED... Aula 4 Seis. LAURA ALONSO DOMÍNGUEZ... Aula 6 Siete. JUAN GARCÍA SÁNCHEZ... Aula 7 Ocho. FRANCISCO JIMÉNEZ JIMÉNEZ... Aula 3 Nueve. DAVID RODRÍGUEZ PUENTE... Aula 9 Diez, SAMIRA HAKIM... Aula 2

Actividad 3
¡Oye!, ¿me das tu número de teléfono?
Es el 91 6 50 14 54.

¿Tienes móvil?
Sí, es el 609 22 43 12. ¿Y el tuyo?
¿Mi número de teléfono?
Sí, es el 91 5 47 98 23.
¡Genial! ¡Gracias!

Mi número de teléfono es el 91 5 53 34 78.
¿Puedes repetirlo, por favor?
Sí, claro, 91 5 53 34 78.
¿609 ...? ¿Qué más?
609 34 56 89.
¡Vale, gracias!

Actividad 4
1. Me llamo María y soy brasileña, de Río de Janeiro.
2. Me llamo Juan y soy español, de Barcelona.
3. Me llamo Teresa y soy chilena, de Santiago.
4. Me llamo John y soy inglés, de Londres.
5. Me llamo Marie y soy francesa, de París.
6. Me llamo Daniel, y soy argentino, de Buenos Aires.
7. Me llamo Elizabeth, soy estadounidense, de Boston.
8. Me llamo Klaus, soy alemán, de Múnich.
9. Me llamo Roberto, soy mexicano, de Puebla.
10. Me llamo Makako, soy japonesa, de Tokio.

UNIDAD 2
Actividad 2
Os informamos del programa de actividades extraescolares que podréis elegir. Todas ellas tendrán lugar a las seis de la tarde, de lunes a viernes; y a las diez de la mañana, los sábados; el domingo no hay actividades. Los lunes, informática; los martes, baloncesto y gimnasia rítmica; los miércoles, tenis; los jueves, teatro y música; los viernes, ballet y kárate; y los sábados por la mañana, fútbol.

Actividad 3
- ¡Oye, Juan!, ¿hay clase de Matemáticas mañana?
- Sí, a las doce tenemos prácticas de Matemáticas.

- ¿Y de Ética?
- Claro, es la primera de la mañana, a las nueve.
- Entonces, mañana no hay prácticas de laboratorio, ¿no?
- Sí que hay, por la tarde, a las cuatro.
- ¡Pues, vaya día!

Actividad 4

Liliana: Perdone, ¿hay un cajero automático por aquí cerca?
Señor: Sí, mire, hay uno al final de esta calle, siga todo recto.
Liliana: Gracias.
Señor: ¡De nada, de nada!

Liliana: Perdone, ¿un buzón?
Señora: Sí, siga recto, y en la primera calle, a la derecha.
Liliana: Gracias.
Señora: ¡No hay de qué!

Liliana: ¡Oye!, ¿sabes dónde hay un cibercafé?
Chica: Sí, hay uno en la Plaza de los Estudiantes.
Liliana: ¿Y dónde está la Plaza?
Chica: ¿Es usted extranjera?
Liliana: Sí...
Chica: Bueno, coge la primera calle a la izquierda y sigue todo recto, al final está la plaza. Y en la plaza está el cibercafé.
Liliana: Muchas gracias.

UNIDAD 3
Actividad 2

¡Cumpleaños feliz, cumpleaños feliz, te deseamos todos, cumpleaños feliz!
¡Felicidades, Luis! Toma.
¿Es para mí?
¡Claro!

¡Que se besen, que se besen, que se besen!
¡Vivan los novios!
¡Vivan!

¡Gracias!
¡Gracias a todos!
¡Enhorabuena!
¡Enhorabuena! ¡Feliz luna de miel!

¡Muchas gracias!
¡Muchísimas gracias!

¡Por fin! ¡Vacaciones!
Sí, por fin... No más exámenes...
¿Qué tal las notas?
Bastante bien: dos aprobados, tres notables y dos sobresalientes. ¿Y tú?
¡Todo aprobado! ¡Pero... por los pelos!

Actividad 3

Sara: ¡Jo, qué rollo!
Marta: Sí, otro curso...
Sara: ¡Oye!, ¿quién es el que tiene barba?
Marta: ¿El que está al lado de la directora?
Sara: Sí.
Marta: Es el "profe" de Ciencias Sociales. ¡Fíjate! ¡Qué joven es el "profe" de Gimnasia!
Sara: Ya... Es el que está al lado del Jefe de Estudios.
Marta: ¡Qué antipático es el Jefe de Estudios!
Sara: ¿Y el señor que lleva un traje azul?
Marta: Ése es el de Ciencias Naturales, un hueso.
Sara: Y la que está a la izquierda es la profe de español, ¿no?
Marta: Yo la conozco, es muy maja, pero muy exigente.

Actividad 4

Carlos: Sí, hombre, sí, es mi chica...
Alfonso: ¿Y qué más?
Carlos: ¿Cómo que qué más?
Alfonso: Pues cómo se llama, cuántos años tiene, qué estudia...
Carlos: Bueno, se llama Susana, tiene dieciséis años, estudia cuarto de la ESO.
Alfonso: Pero... no es española, ¿no?
Carlos: No, es húngara, de Budapest. Su padre es diplomático.
Alfonso: ¿Y cómo es?
Carlos: Pues es una chica muy inteligente, muy divertida, responsable, cariñosa...

UNIDAD 4
Actividad 2

Madre de Laura: ¿Sí?
María: ¿Está Laura, por favor?
Madre de Laura: ¿De parte de quién?
María: De María.
Madre de Laura: Un momento, por favor. ¡Laura... al teléfono!
Laura: ¿Quién es?
Madre de Laura: Es María...
Laura: Estoy en el baño. ¡Luego la llamo!
Madre de Laura: María, Laura no se puede poner ahora, luego te llama.
María: ¡Vale, gracias!

Contestador: Este es el contestador automático de la familia Gómez. Ahora no estamos en casa. Por favor, deja tu mensaje cuando suene la señal.
Teresa: ¡Hola, Cris!, soy Teresa. Este fin de semana toda la gente de clase va a celebrar el cumpleaños de Laura en la bolera, ¿te vienes? Bueno, me llamas luego, ¿vale?

Chico: ¿Pedro?
Pedro: ¡Sí! ¿Qué pasa, tío?
Chico: ¡Oye! Que esta tarde vamos al Parque de Atracciones, ¿te vienes?
Pedro: ¿Qué dices...? ¡Jo, tío, es que no oigo nada! ¿Dónde estás?
Chico: Estoy en el bus, tío, que si vienes al Parque de...

Actividad 3

Luisa: ¡Hola, Cristina! ¿Cómo estás?
Cristina: Regular, todavía tengo fiebre...
Luisa: Bueno, te llamo para hablar de los deberes...
Cristina: ¿Qué...?
Luisa: ¡Los deberes, tía, los deberes!
Cristina: ¡Ah, sí...!
Luisa: Mira, para Español: los ejercicios 1, 2, 3, 4 y 5.
Cristina: ¿Y para Matemáticas?
Luisa: La unidad 3.
Cristina: ¿Y para Ciencias Naturales?
Luisa: Para Ciencias Naturales, nada.
Cristina: ¡Genial! ¿Algo más?
Luisa: No, eso es todo.
Cristina: Pues, gracias.
Luisa: De nada, ¡y que te mejores!

Actividad 4

Señora: Este es el contestador automático de *Madrid es Joven*. Si quieres información sobre... becas, marca el número 21... carné joven, marca el número 58... actividades deportivas, marca el número 33... excursiones juveniles, marca el número 7... cursos de idiomas, marca el número 29... conciertos, marca el número 12... cine, marca el número 23... y para obtener información sobre actividades teatrales en la Comunidad de Madrid, marca el número 14.

UNIDAD 5
Actividad 2

Señor: ¿Me pone una caña, por favor?
Camarero: ¿Algo más?
Señor: Sí, una ración de patatas fritas.
Camarero: ¡Marchando! ¡Una caña y una de patatas fritas!
Chica 1: ¡Qué falda tan bonita!
Chica 2: ¿Cuánto cuesta?
Chica 1: A ver... Treinta euros.
Chica 2: Es un poco cara, ¿no?
Chica 1: Sí, pero están de moda y...

Dependienta: ¡Hola! ¿Qué desea?
Señora: Quería una caja de bombones...
Dependienta: ¿De cuáles?
Señora: Una caja pequeña de esos. ¿Cuánto vale?
Dependienta: La pequeña cuesta 2 euros y la grande, 5.
Señora: Pues... la pequeña, por favor.
Dependienta: ¡Muy bien! ¿Es para regalo?
Señora: Sí, por favor.

Actividad 3
- **Dependienta:** ¡Hola! ¿En qué puedo ayudaros?
- **Chica.** Buscamos un regalo, pero queremos mirar un poco.
- **Dependienta:** ¡Muy bien!
- **Chica 2:** ¡Oye, esta camisa es bonita!
- **Chica 1:** No sé..., no es su estilo.
- **Chica 2:** ¿Y esta otra?
- **Chica 1:** ¿Cuánto cuesta?
- **Chica 2:** 25 euros.
- **Chica 1:** No es muy cara, ¿nos la llevamos?
- **Chica 2:** Sí, ¿por qué no? Perdone, señorita, nos llevamos esta camisa.
- **Dependienta:** ¿Con tarjeta o en efectivo?
- **Chica 1:** En efectivo.

Actividad 4
- **Joven 1:** Perdone, ¿cuánto cuestan esas gafas de sol?
- **Dependiente 1:** ¿Las negras?
- **Joven 1:** Sí...
- **Dependiente 1:** Son dieciocho euros.
- **Chica 1:** ¿Puede decirme cuánto vale la camisa del escaparate?
- **Dependienta 1:** ¿La blanca, o la negra?
- **Chica 1:** La blanca.
- **Dependienta 1:** Pues, cuesta... A ver..., sí, veintitrés euros.
- **Chico 2:** ¡Hola! Por favor, ¿cuánto cuesta ese reloj Swatch de colores?
- **Dependienta 2:** A ver... Son cuarenta y dos euros.
- **Chico 2:** Es bastante caro...
- **Dependienta 2:** Bueno, es un modelo de la última colección.
- **Chico 2:** Ya...
- **Chica 2:** Perdone, ¿me puede decir el precio de la mochila roja?
- **Dependiente 2:** ¿La de Calvin Klein?
- **Chica 2:** Sí.
- **Dependiente 2:** Son treinta y seis euros.
- **Chica 2:** ¡Gracias!
- **Dependiente 2:** ¡De nada!
- **Chico 3:** ¡Hola! Quiero el último disco compacto de Britney Spears.
- **Dependiente 3:** Está en oferta, sólo cuesta quince euros.
- **Chico 3:** Pues, me lo llevo.

UNIDAD 6
Actividad 2
- **Chica:** Mamá, ¿pongo la mesa?
- **Señora:** No, no la pongas todavía, que es muy pronto y la comida no está preparada. Pero... gracias.

- **Señora:** ¡El teléfono está sonando! ¿Es que no lo oyes? Cógelo, por favor, que yo estoy en el cuarto de baño.
- **Chica:** ¡Ya voy...!

- **Chica:** Disculpe, ¿podría abrir la ventanilla? Es que hace mucho calor aquí.
- **Señor:** Sí, claro, ábrela, ábrela.

- **Chica 1:** ¡Oye!, ¿puedo coger el periódico?
- **Chica 2:** Sí, cógelo, está en mi bolso.
- **Chica 1:** ¿Llamamos a Marta para ir al cine?
- **Chica 2:** No, no la llames, que el lunes tiene un examen.

Actividad 3
- **Paco:** ¡Hola, Luis!
- **Camarero:** ¡Hola, chicos! ¿Qué hacéis por aquí?
- **María:** Es que no tenemos clase...
- **Camarero:** ¡Qué suerte!, ¿no?
- **María:** Sí, es genial...
- **Camarero:** Bueno, ¿qué os pongo?
- **María:** A mí, una sangría.
- **Paco:** Pues, yo quiero una cerveza sin alcohol.
- **Camarero:** ¿Y para comer?
- **María:** Ponme una hamburguesa.
- **Camarero:** ¿Con queso?
- **María:** Claro, con queso, bacon y mucha cebolla.
- **Camarero:** ¿Te pongo otra a ti?
- **Paco:** No, gracias, no tengo mucha hambre. Bueno, ponme unas patatas fritas.
- **Camarero:** Muy bien, ahora mismo os lo pongo todo.

Actividad 4
- **Señora:** Sí, abre la ventana, que hace mucho calor.
- **Chica:** ¿La calculadora? Cógela, está en mi mochila.
- **Señor:** Cierra la puerta, que hay mucho ruido.
- **Chico:** Prueba esta lasaña, está buenísima.
- **Señor:** Pon la televisión, por favor, que quiero ver el Telediario.
- **Señora:** Tráigame la cuenta, por favor.
- **Chica:** Déjame el periódico, que quiero ver la cartelera.
- **Chico:** Anda, ven con nosotros.
- **Chica:** Baja el volumen de la música, que tengo que estudiar. Mañana tengo un examen y lo llevo fatal.
- **Señor:** Cóbreme, por favor: dos cervezas y una ración de aceitunas.

UNIDAD 7
Actividad 2
> ¡Estoy harta de encontrarme siempre cansada y de mal humor!
< ¿Por qué no vas a una clase de yoga?
> ¿Yoga?
< Sí, es un ejercicio muy sano y te vas a encontrar mucho mejor, ¡ya verás!
> Me parece una buena idea. Además, voy a empezar a comer más fruta y verduras...
< Eso está muy bien... Pero tengo otra sugerencia que te va a ayudar: ¿por qué no vienes este fin de semana a hacer voluntariado conmigo?

Actividad 3
Chica: Quiero encontrarme mejor física y mentalmente. Por eso he decidido hacer footing y practicar yoga varias veces por semana, comer menos y más cantidad de fruta y verdura, y dormir ocho horas diarias. ¡Ah!... Y beber mucha más agua.

Actividad 4
> ¿Qué prefieres: el verano, o el invierno?
< A mí me encanta el calor: el verano, por supuesto.

> ¿Prefieres hablar por teléfono o escribir correos electrónicos?
< Hombre, prefiero hablar por teléfono, es mucho más personal.

> ¿En qué prefieres gastar tu paga semanal?
< Normalmente gasto mi paga en ir al cine y en música.

> En una fiesta, ¿prefieres charlar o bailar?
< Pues en una fiesta prefiero bailar, porque para charlar hay otras muchas situaciones en la vida.

> Y como mascota, ¿qué elegirías: un perro, un gato o un hámster?
< Un perro.

UNIDAD 8
Actividad 2
- **Cristina:** ¡Qué día! ¡Qué día he tenido!
- **Señora:** ¡Tranquila, que mañana te vas de vacaciones...!
- **Cristina:** Ya, pero es que esta mañana me he levantado a las siete, me he duchado, he desayunado, he contestado el correo electrónico y, claro, no he podido hacer la cama ni recoger la cocina, ni...
- **Señora:** Bueno, pero has preparado todo para tu viaje, ¿no?
- **Cristina:** ¡Así, así! Bueno, he ido a la agencia de viajes y he recogido los billetes; luego, he ido al banco y he comprado los cheques de viaje; he ido a la peluquería...
- **Señora:** Pues, en mi opinión, has hecho muchas cosas...
- **Cristina:** Ya, pero todavía no he hecho la maleta, ni he terminado un informe para la oficina, ni he llamado a mi madre, ni... ¡Qué día! ¡Estoy muerta y todavía tengo que hacer un montón de cosas!

Actividad 3
- **Laura:** ¿En serio? ¡No me lo puedo creer!
- **María:** ¡De verdad!
- **Laura:** Pues, cuéntame...
- **María:** Bueno, ya sabes que a mí Luis me ha gustado siempre...
- **Laura:** Sí...
- **María:** Pues esta mañana le he dejado una nota en su taquilla y...

Laura:	Pero si no tienes la llave…			

Laura: Pero si no tienes la llave…
María: Ya, pero la he metido por debajo.
Laura: ¡Qué lista, chica! ¿Y qué has escrito?
María: Pues le he dicho: "Estoy loca por ti. Te espero en el parque, cerca del lago, a las seis".
Laura: ¿Y…?
María: Pues ha venido.
Laura: ¿Y qué ha pasado?

Actividad 4
Señor: ¡Buenas tardes!
Cristina: ¡Hola! Deme dos entradas para la sala 1, por favor.
Señor: ¿Le parece bien la fila 5?
Cristina: Prefiero una fila más alejada de la pantalla.
Señor: ¿La fila 12?
Cristina: Muy bien, ¿cuánto es?

María: ¡Laura! ¡Cuánto tiempo!
Laura: Sí, muchísimo…Pero, ¿qué tal?
María: Bien, le he dicho a Luis que vuelvo dentro de una hora…
Laura: Pues, venga, vamos a tomar algo…

Señor: ¿Qué más le pongo?
Señora: Póngame un kilo de naranjas y medio de plátanos, por favor.
Señor: ¿Algo más?
Señora: ¡Ah…, sí! Deme dos litros de leche y un paquete de mantequilla.
Señor: ¿Se le olvida algo?
Señora: No, creo que no. Es que tengo muchísima prisa… Dígame, ¿cuánto es?

UNIDAD 9
Actividad 2
[Chico, 19 años, acento mexicano]
Llegué a España hace una semana y durante estos días he tenido que hacer muchas cosas. Desde el aeropuerto fui en autobús al centro de la ciudad y allí tomé un taxi para ir a la Residencia de Estudiantes, que está cerca de la Universidad.
Así que el lunes, después de dejar mis cosas en la Residencia, fui al estanco para comprar mi Abono de Transportes mensual, con un precio especial para estudiantes. Por la noche, cené en el barrio gótico con un grupo de chicos extranjeros.
El martes tuve que ir a la Universidad para matricularme y a la biblioteca, para solicitar el carné. Prácticamente pasé todo el día en la Ciudad Universitaria.
El miércoles fui a visitar a unos conocidos de mis padres que viven fuera de Barcelona; tuve que tomar un autobús y tardé más o menos una hora en llegar. Pasé el día con ellos y me contaron muchas cosas sobre su experiencia en España. Regresé a la Residencia bastante tarde.
El jueves empezaron las clases y conocí a algunos de mis profesores y a mis compañeros. Por la tarde fui con una chica de clase, que es chilena, a visitar la Sagrada Familia, una obra de Gaudí, el famoso arquitecto catalán.
El viernes pasé la mañana en la Facultad y por la tarde fui al cine con algunos compañeros de la Residencia y, después, a tomar unas copas. Me acosté muy tarde, quizá demasiado tarde.
El sábado me levanté casi a las doce y no salí hasta la tarde. Fuimos todos a una fiesta que había en otra Residencia de la Ciudad Universitaria. Y, finalmente, el domingo, me quedé todo el día descansando. Ah, bueno, también estuve en la Sala de Ordenadores escribiendo correos electrónicos a mi familia y a mis amigos.

Actividad 3
Chica 1: ¿El pasado fin de semana? Pues, no me acuerdo… ¡Ah, sí, fuimos al Parque de Atracciones para celebrar el cumpleaños de un amigo de la panda!
Chico 1: Pues el sábado pasado estuvimos toda la tarde en mi casa: alquilamos un vídeo y pedimos una pizza.
Chica 2: El fin de semana pasado nos fuimos de acampada a un pueblo que está en las montañas y nos lo pasamos fenomenal.
Chico 2: Bueno, el sábado fui al cine y el domingo al cumple de un amigo.
Chica 3: El fin de semana pasado fui a visitar a mis abuelos: mi abuela organizó una comida para toda la familia.

Actividad 4
Señor: Verá, yo perdí hace unos días un paraguas negro… Sí, negro, es muy normal. Creo que lo dejé olvidado cuando fui a los servicios…
Chica: Pues, yo busco un diccionario español-inglés… Creo que lo perdí en la cafetería.
Chico: Verá, el otro día, el martes exactamente, me robaron la cartera aquí en el aeropuerto y creo que ustedes han encontrado mis documentos en una papelera…
Señor 2: Mi hija olvidó en el vuelo París-Madrid del martes por la tarde su maletín… Es un maletín pequeño, de color azul… Sí, el vuelo es de la compañía Iberia…
Señora: Mire, vengo porque mi marido perdió ayer su ordenador portátil… Él cree que lo dejó en la Sala de espera y verá, estamos muy nerviosos, porque es muy importante…

UNIDAD 10
Actividad 2
Señor: ¿Cómo te llamas?
Chico: Mario Pucknick.
Señor: ¿Pucknik? ¿De dónde es este apellido?
Chico: Es ruso, mi padre es ruso, pero yo nací en Perú.
Señor: ¿Cuántos años tienes?
Chico: Dieciocho.
Señor: ¿Y has terminado ya tus estudios?
Chico: Bueno, hice la Educación Secundaria Obligatoria y terminé hace dos años. Ahora estudio en una Escuela de Hostelería.
Señor: ¿Has trabajado alguna vez como repartidor a domicilio?
Chico: Sí, mis tíos tienen una pastelería y antes solía ayudarles durante los fines de semana.
Señor: ¿Y qué cualidades considerabas importantes para hacer bien tu trabajo?
Chico: Era importante la amabilidad y la puntualidad.
Señor: Bien, bien… ¿Puedes hablarme de tus aficiones? Nos gusta conocer a la gente que contratamos…
Chico: Pues, antes, cuando tenía más tiempo, hacía footing todos los días y he corrido el maratón varias veces…Ahora, la verdad, soy bastante aficionado al montañismo y a la fotografía.
Señor: Voy a tomar nota de tu teléfono…
Chico: Es un móvil… El número es el 609 24 35 66.
Señor: Bien… ¿Y tienes correo electrónico?
Chico: Sí, es… mario@wanadoo.com
Señor: Muy bien, Mario, muchas gracias. Estaremos en contacto. ¡Ah, se me olvidaba! ¿Qué conocimientos de informática tienes?
Chico: En mi instituto era muy importante la informática y, bueno, yo creo que tengo un nivel medio.

Actividad 3
Chica: ¿Cuánto tiempo llevas viviendo en España?
Chico: Dos años. Vine a España hace dos años para estudiar en una escuela taurina.
Chica: ¡Vaya! Qué curioso, o sea, que quieres ser torero, ¿no?
Chico: Sí, claro, para eso me estoy preparando.
Chica: Y antes de venir a España, ¿dónde vivías?
Chico: Bueno, he vivido en muchos países diferentes porque mi padre es diplomático y viajábamos continuamente… Primero vivimos en Perú, después en Argentina, en Brasil y en Puerto Rico, y ahora mis padres están destinados en Estados Unidos.
Chica: ¿Y qué recuerdos tienes de tu infancia?
Chico: Mi infancia estaba llena de viajes, de aviones, de colegios diferentes, de amigos en muchas ciudades…
Chica: ¿Y crees que llegarás a ser un torero famoso?
Chico: Famoso, no lo sé, pero espero aprender el arte de los grandes maestros y poder dedicarme a ello.
Chica: ¿A qué toreros admiras?
Chico: A muchos, pero sobre todo a El Cordobés.

Actividad 4
Desde que tenía seis años hice gimnasia rítmica con el equipo del colegio, me gustaba muchísimo, pero me dolía mucho la espalda. Fui al médico y tuve que dejarlo. Ahora hago montañismo con un grupo de gente del barrio.

Mi padre es pianista profesional y, casi antes de aprender a hablar, empecé a estudiar música. Todos los días después del colegio tenía clase con una profesora particular y los fines de semana tenía que practicar en casa durante horas. La verdad es que me resultaba algo aburrido y, sobre todo, muy sacrificado. Así que hablé con mis padres y dejé las clases de música. Pero desde hace tres meses toco la flauta en un grupo de música popular y me encanta.

En mi colegio el baloncesto era un deporte muy popular. Nuestro equipo ganaba casi todos los años el campeonato y yo jugué dos temporadas. Era superguay. Pero mis notas no eran muy buenas, la verdad es que suspendía tres o cuatro asignaturas cada trimestre… Y mis padres decidieron que tenía que dejar el baloncesto porque me quitaba mucho tiempo para estudiar. Ahora mi mayor afición es la informática.

Hasta los doce años más o menos estudié ballet en una Escuela de Danza y me encantaba. Mi madre me llevaba cada temporada a todos los espectáculos que ponían en la ciudad. Apenas tenía tiempo libre para ver a mis amigas ni para descansar, así que decidí dejarlo. Ahora dedico los sábados a colaborar con una Organización no Gubernamental de apoyo a enfermos de SIDA.

Bueno, yo estudié guitarra clásica durante tres años… Realmente no sé por qué, quizá porque mi mejor amiga también iba. La verdad es que las clases eran muy caras y a mí no me apasionaba, así que lo dejé. Ahora pertenezco a un grupo de teatro de mi barrio.

UNIDAD 11
Actividad 2

Chico 1: Empezamos el viaje en Roncesvalles. Éramos ocho: tres chicas y cinco chicos, compañeros todos del colegio y, ante nosotros, una gran aventura. De Roncesvalles fuimos a Pamplona, donde estuvimos dos días celebrando las fiestas de San Fermín. Fue una pasada: las calles estaban llenas de gente y de animación.

Chica 1: Desde Pamplona fuimos a Burgos y allí visitamos la Catedral y otros lugares de interés, pero no dormimos en Burgos, sino en Frómista, un pequeño pueblo de la provincia.

Chico 2: Después llegamos a León. Lo que más nos sorprendió fueron las vidrieras de la Catedral y las pinturas de la iglesia de San Isidoro. Al día siguiente llegamos a Astorga. Estábamos ya algo cansados, pero contentos por todas las experiencias vividas.

Chica 2: Desde Astorga fuimos a Ponferrada y visitamos algunos pequeños pueblos de la zona. Estábamos cerca de Santiago, pero decidimos descansar dos días.

Chico 3: Finalmente, desde Ponferrada fuimos al pueblo de Lalín y allí iniciamos la última etapa de nuestro viaje. Por fin llegamos a Santiago de Compostela. Después de cuatro semanas, al ver el esplendor de la catedral, nos sentimos contentos y tristes al mismo tiempo.

Actividad 3

Entrevistador:	Empezaste a cantar muy joven, ¿verdad?
Cantante:	Pues, sí… Mi primer disco salió hace ya diez años… Sí, ¡diez años! Eso es mucho tiempo, ¿no?
Entrevistador:	Sabemos que has trabajado mucho para llegar hasta aquí…
Cantante:	La verdad es que durante estos años no he parado… Viajes, conciertos, entrevistas… Ha sido muy duro.
Entrevistador:	Pero ha valido la pena, ¿no?
Cantante:	¡Claro! He tenido mucha suerte, mis fans me han ayudado mucho y tengo un grupo de música extraordinario…
Entrevistador:	¿Y después del éxito?
Cantante:	Ahora necesito un descanso, todo el equipo lo necesita. La gira del año pasado fue un éxito, pero estamos realmente agotados. Como sabes, durante el concierto en Tokio, me faltaron las fuerzas y tuve que estar varios días en el hospital… Te aseguro que no fue una experiencia muy agradable…
Entrevistador:	Entonces… ¿qué planes tienes?
Cantante:	He decidido descansar durante unos meses en mi casa de Malibú… Necesito tiempo para mí misma, para hacer las cosas que hace todo el mundo: ir al cine, salir de compras, invitar a cenar a los amigos, visitar a mi familia…
Entrevistador:	Pues te deseamos mucha suerte…
Cantante:	Gracias, y desde aquí quiero, además, dar las gracias a todos mis fans …

Actividad 4

Chica 1: ¡Qué día tuve ayer, chica! Pues resulta que estaba lloviendo a cántaros y había un tráfico… Así que decidí aparcar el coche y coger el metro… Bueno, de todas formas llegué tarde al trabajo, y por la tarde, cuando salí de la oficina, fui a recoger el coche, pero no estaba…

Chico 1: Ayer es un día que me gustaría olvidar… Me despidieron, sí, como lo oyes, después de diez años de trabajo me han despedido y así, sin más, sin explicaciones ni nada.

Chica 2: Ayer fue un día increíble… Pues mira, verás… como era mi cumpleaños, me puse muy guapa para ir a la oficina y ¡no vas a creerlo! Pero mis compañeros organizaron una fiesta sorpresa para mí… Nos lo pasamos fenomenal y después fuimos todos a una discoteca hasta las tantas.

UNIDAD 12
Actividad 2

Luis:	¡Qué rollo, tío! ¿Qué hacemos este finde?
Lolo:	Pues, no sé, pero todos los fines de semana hacemos lo mismo: ir al cine, comer una hamburguesa en un Mc Donald´s, chatear por Internet… ¡Qué rollazo!
Luis:	Podríamos ir a la nueva pista de hielo…
Lolo:	No, tío, que yo no sé patinar…
Luis:	Yo, tampoco, ¡qué más da! Bueno, ¿te apetecería venir a mi casa a jugar al Trivial Pursuit? Podríamos llamar a Javi y a Ricardo…
Lolo:	Javi y Ricardo tienen que estudiar…. Así que, imposible.
Luis:	Bueno, pues, ¿qué hacemos?
Lolo:	¡Ni idea!
Luis:	¡Ya lo tengo!
Lolo:	¿El qué?
Luis:	¡Vamos a diseñar una página web!
Lolo:	Pues no es mala idea…, mola mucho, tío.

Actividad 3

Chico: Pues, mira, aprender una lengua no es muy fácil, sobre todo en tu propio país, sin contacto con hablantes nativos. Yo, en tu lugar, iría durante una temporada a un país de habla hispana. Me matricularía en alguna escuela y viviría con una familia para así tener más oportunidades de practicar.

Chica: En mi opinión, y como no todos podéis ir a un país de habla hispana, aunque sé que os gustaría, deberíais ver todos los días, durante al menos una hora, algún canal hispano de televisión. Estoy segura de que os ayudaría mucho.

Chico: Para mí, aprender español fue muy fácil porque me pasaba el día escuchando las canciones de mis cantantes favoritos hasta que las memorizaba. Así que, si quieres un consejo: yo que tú, compraría o grabaría mis canciones favoritas en español y las escucharía mil veces hasta aprenderlas.

Señor: Bueno, ahora que muchos de vosotros tenéis conexión a Internet en la escuela y algunos, en casa, yo en vuestro lugar, leería algún periódico del mundo hispano de forma frecuente. No es necesario leerlo todo, podríais leer sólo los titulares y buscar en el diccionario las palabras que no entendéis.

Chica: ¿No has pensado en realizar un intercambio con algún hispano? Seguro que hay alguna persona interesada en tu ciudad… Mira, yo, pondría un anuncio en un periódico local o en alguna escuela de idiomas…

Actividad 4

Chica: Hombre, para mí está muy claro, yo iría a Salamanca. ¿Por qué? Pues porque es una ciudad pequeña pero tiene un gran interés cultural y hay muchísimo ambiente estudiantil, hay estudiantes por todas partes …Además, desde allí podrías viajar a otras ciudades de España durante las vacaciones.

Chico: Pues no sé, yo te recomendaría una ciudad de México que se llama Puebla. Allí, además de aprender español, encontrarías a gente amable y muy alegre, disfrutarías de un clima estupendo y tomarías una comida picante pero buenísima.

Chica: Yo, en tu lugar, iría a la ciudad de Santiago de Chile. ¿Y sabes por qué? Porque siempre he querido conocer este país. Sé que es un país con una naturaleza increíble y me gustaría ver todo eso.

GLOSARIO

Nota: las palabras precedidas del signo * son más utilizadas en Hispanoamérica.

A

5	abierto/a	open
*	dado/a	
5	abrigo, el	coat
*	sobretodo, el	
3	abril	April
5	abrir	to open
4	abuelo/a, el, la	grandfather/mother
*	papá grande, el / mamá grande, la	
3	aburrido/a	boring/bored
4	aburrimiento, el	boredom
2	acabar	to finish
10	académico/a	academic
9	acampada (ir de)	go camping
*	campismo, el	
3	acción, la	action
6	aceituna, la	olive
7	aceptar	to accept
11	acercar	to approach/ come closer
*	arrimar	
12	acoger	to welcome/ receive
9	acontecimiento, el	event
9	acostarse	to go to bed
2	actividad, la	activity
3	acto, el	act
1	actriz, la	actress
7	actual	current
11	actualmente	at present/ nowadays
10	actuar	to act
3	Acuario	Aquarius
7	acuerdo, el	agreement
12	adecuado/a	adequate
2	adiós, el	goodbye
1	adivinar	to guess
12	administración, la	administration
10	admirar	to admire
12	adolescente, el, la	youth/teenager
4	adornar	to decorate
5	adorno, el	decoration
9	adulto, el	adult
2	aeropuerto, el	airport
10	afectar	to affect
1	afectivo/a	affectionate
7	afición, la	fans
*	hinchada, la	
9	aficionado/a	fan
*	hincha	
10	afirmar	to affirm
6	afirmativo/a	affirmative
1	agencia, la	agency
6	agenda, la	diary
*	anotador, el	
3	agosto	August
11	agotado/a	exhausted/ finished (stock)
11	agradable	pleasant
1	agradecimiento, el	thanks/gratitude
1	agua, el	water
4	ahora	now
*	ahorita	
7	ajedrez, el	chess
8	albergue, el	refuge/lodging
3	alboroto	disturbance
8	alcanzar	to reach
6	alcohol, el	alcohol
7	alcohólico/a	alcoholic
3	alegre	happy
*	alumbrado/a	
1	alegría, la	happiness
8	alejado/a	distant
1	alemán/a	German
2	algo	something
1	alguien	someone
1	alguno/a	some/any
7	alimentar	to feed
4	allí	there
*	allá	
2	alojamiento, el	accommodation
*	alojo, el	
5	alquilar	to rent
*	rentar	
4	alrededor	around
3	alto/a	tall/high
8	alucinante	incredible
*	copado	
8	alucinar	to hallucinate
1	alumno/a, el, la	student
10	amabilidad, la	kindness
12	amable	kind
1	amante, el	lover
5	amarillo/a	yellow
9	ambiente, el	atmosphere
12	amenaza, la	threat
2	amigo/a, el, la	friend
*	socio/a	
3	amor, el	love
6	andar	to walk
11	animación, la	animation/bustle
2	animal, el	animal
7	animar	to encourage/ enliven
7	ánimo, el	spirit
7	aniversario, el	anniversary
1	anotar	to note (down)
10	anteayer	day before yesterday
9	antipatía, la	dislike/ unfriendliness
3	antipático/a	disagreeable/ unpleasant
10	anuncio, el	advertisement
*	aviso, el	
1	año, el	year
10	apagar	to turn off
4	aparato, el	device
12	aparecer	to appear
1	apasionado/a	passionate
1	apellido, el	surname
10	apenas	hardly
7	apetecer	to feel like
10	aportación, la	contribution
11	apoyar(se)	to lean/rest on
8	apoyo, el	support
3	aprender	to learn
3	aprobar (un examen)	to pass
5	aproximadamente	approximately
6	apuntar	to note (down)
*	agendar	
4	apunte, el	note
4	arepas, las	corn griddle-cakes
1	argentino/a	Argentine
3	Aries	Aries
12	arma, el	weapon
12	armamento, el	armament
9	arqueología, la	archaeology
9	arquitecto, el	architect
1	arrastrado/a	dragged
10	arrepentirse	to regret
2	arte, el	art
12	ártico/a	Arctic
5	artículo, el	article
11	asegurar	to ensure
2	asignatura, la	subject
9	asistir	to attend/assist
7	asociación, la	association
7	astrología, la	astrology
1	atención, la	attention
8	atlético/a	athletic
12	atmósfera, la	atmosphere
3	atractivo/a	attractive
1	aula, el	classroom
12	aumento, el	increase
2	autobús, el	bus
*	ómnibus, el; guagua, la	
2	automático/a	automatic
3	autoritario/a	authoritarian
10	avanzado/a	advanced
1	aventura, la	adventure
3	aventurero/a	adventurous
9	avión, el	aeroplane
9	avisar	to warn
9	ayer	yesterday
10	ayuda, la	help
4	ayudar	to help
2	ayuntamiento, el	town hall
*	municipalidad, la	
3	azul	blue

B

4	bailar	to dance
2	bajar(se)	to get off/ bend down
3	bajo/a	low/short
12	ballena, la	whale
2	ballet, el	ballet
2	baloncesto, el	basketball
*	básquet, el	
2	banco, el	bank
11	bañador, el	bathing costume
*	malla, la	
12	bañarse	to bathe
4	baño, el	bath
2	bar, el	bar
5	barato/a	cheap
3	barba, la	beard
9	barco, el	boat
7	barrio, el	district
10	básico/a	basic
*	basal	
3	bastante	enough
6	basura, la	rubbish/trash
*	mugre, la	
6	batería, la	battery
2	batido, el	milk shake
7	beber	to drink
*	tomar	
4	bebida, la	drink
4	beca, la	grant
12	Bellas Artes, las	Fine Arts
1	bello/a	beautiful
3	besar	to kiss
6	beso, el	kiss
2	biblioteca, la	library
11	bicicleta, la	bicycle

1	bien	good	5	caña, la	cane/rod	2	coger	to take
8	billete, el	ticket	3	Capricornio	Capricorn	*	tomar	
*	boleto, el		3	carácter, el	character	3	cola, la	queue
12	biología, la	biology	11	característica, la	characteristics	10	colaborar	to collaborate
5	blanco/a	white	12	cariño, el	affection	11	colección, la	collection
2	boca del metro, la	subway entrance	3	cariñoso/a	affectionate	1	colegio, el	school
3	boda, la	wedding	9	carné de identidad, el	identity card	1	collar, el	necklace
4	bolera, la	bowling alley	*	cédula de identidad, la		*	collarín, la	
6	bolígrafo, el	ball-point pen	4	carné, el	card	3	colonia, la	colony/aftershave
7	bollería, la	bakery	7	carne, la	meat	4	coloquial	colloquial
6	bolsa, la	bag	2	carnicería, la	butcher's shop	5	color, el	colour
5	bolso, el	bag/purse	5	caro/a	expensive	5	comenzar	to begin
*	cartera, la		3	carpeta, la	folder	2	comer	to eat
3	bombón, el	chocolate	2	carta, la	letter	12	comercial	commercial
5	bonito/a	nice	10	cartel, el	poster	5	comercio, el	shop
*	lindo/a		*	afiche, el		1	comida, la	food
2	bosque, el	forest	6	cartelera, la	film section/ billboard	11	cómodo/a	comfortable
5	botas, las	boots				3	compañero/a, el, la	mate/ colleague
7	botella, la	bottle	11	cartera, la	wallet			
11	botiquín, el	first-aid kit	*	portafolio, el		7	compartir	to share
1	bueno/a	good	4	casa, la	house	6	compás, el	compass
1	buscar	to look for	7	caso, el	case	1	completar	to complete
2	buzón, el	letterbox	3	castaño/a	brown/chestnut	9	completo/a	full/complete
			*	colorado/a		2	compra, la	shopping
	C		11	catedral, la	cathedral	2	comprar	to buy
8	caballo, el	horse	12	cazado/a	hunted	7	común	common
10	cabeza, la	head	3	cazadora, la	leather jacket	2	comunicar	to communicate
2	cada	each	6	cebolla, la	onion	4	concertar	to arrange
4	caducar	to expire	3	celebración, la	celebration	3	concierto, el	concert
*	vencer		4	celebrar	to celebrate	1	concordia, la	concord/harmony
6	café, el	coffee	12	cena, la	dinner	9	concurso, el	competition
2	cafetería, la	café	9	cenar	to dine	9	conducir	to drive
3	caja, la	box	9	centro, el	centre	*	manejar	
2	cajero automático, el	cash dispenser	2	cerca	close	4	conectar(se)	to connect
5	calcetín, el	sock	5	cerrar	to close	4	conexión, la	connection
*	soquete, el; media, la		11	certificación, la	certificate	8	confirmación, la	confirmation
6	calculadora, la	calculator	5	cerveza, la	beer	3	conformista	conformist
6	calendario, el	calendar	12	cesta, la	basket	12	conmigo	with me
12	calentar	to heat	*	canasta, la		1	conocer	to know
9	caliente	hot	3	chaleco, el	waistcoat	1	conocido/a	known
*	alzado/a		4	charlar	to chat	12	conquistar	to conquer
3	callado/a	quiet	4	chatear	to chat	9	conseguir	to achieve
2	calle, la	street	8	cheque de viaje, el	traveller's cheque	12	consejo, el	advice
7	callejero/a	street map	1	chico/a, el, la	boy/girl	2	conserje, el	porter
6	calor, el	heat	5	chollo, el	bargain	2	conservación, la	conservation
3	calvo/a	bald	11	chubasquero, el	wind braker	3	conservador/a	conservative
5	calzado, el	footwear/shoes	5	chulo/a	smart/amusing	10	considerar	to consider
8	cama, la	bed	2	cibercafé, el	cybercafé	1	consonante, la	consonant
6	cámara, la	camera (photos)/ chamber (room)	6	ciclo, el	cycle	3	constante	constant
			2	ciencias, las	sciences	10	consultar	to consult
9	camarero/a, el, la	waiter/waitress	12	científico/a	scientific	7	consumismo, el	consumerism
*	mozo/a, el, la		2	cine, el	cinema	5	consumo, el	consume
2	cambiar	to change	5	cinta de vídeo, la	video tape	10	contacto, el	contact
2	cambio, el	change	10	cinta, la	tape	12	contaminación, la	contamination
11	caminar	to walk	4	cita, la	meeting/date	12	contaminar	to contaminate
10	camino, el	path/way	2	ciudad, la	city	7	contar	to count
5	camisa, la	shirt	10	ciudadano/a, el, la	citizen	2	contemporáneo/a	contemporary
3	camiseta, la	T-shirt	3	claro	clear	6	contenedor, el	container
7	campeonato, el	championship	1	clase, la	class	7	contento/a	happy
9	campo, el	field	10	clásico/a	classic/classical	4	contestador, el	answerphone
3	Cáncer	Cancer	5	cliente, el	customer	8	contestar	to answer
7	cáncer, el	cancer	12	clima, el	climate	11	contexto, el	context
6	canción, la	song	12	club, el	club	10	continuamente	continuously
1	canguro, el	babysitter	6	cobrar	to charge/collect	10	contratar	to contract
9	canoa, la	canoe	5	coca-cola, la	coca-cola	12	contribuir	to contribute
11	cansado/a	tired	12	coche, el	car	12	control, el	control
1	cantante, el, la	singer	*	auto, el		7	controlar	to control
11	cantar	to sing	8	cocina, la	kitchen	2	conversación, la	conversation
4	cantidad, la	amount	8	cocinar	to cook	10	cooperación, la	cooperation

7	copas (ir de)	go out for a drink	9	descuento, el	discount	3	educado/a	educated
12	corazón, el	heart	5	desear	to desire	2	educativo/a	educational
5	corbata, la	tie	5	deseo, el	desire	*	educacional	
4	correo, el	mail	10	desigualdad, la	inequality	9	efectivamente	really/in fact
7	correo electrónico, el	e-mail	10	desnutrición, la	malnutrition	5	efectivo, el	cash
3	corresponder	to correspond	3	desordenado/a	untidy	12	efecto, el	effect
6	cortar	to cut	2	despedir(se)	to say goodbye	2	ejercicio, el	exercise
3	corto/a	short	12	desplazamiento, el	displacement/trip	12	electricidad, la	electricity
2	cosa, la	thing	7	desplazar(se)	to displace/travel	12	electrónica, la	electronics
9	costa, la	coast	12	desprender	to unfasten/separate	2	elegir	to choose
5	costar	to cost	2	después	after	6	elevado/a	high
10	costumbre, la	custom	10	destinado/a	destined	7	eliminar	to eliminate
12	creación, la	creation	12	destructivo/a	destructive	8	emocionante	exciting
1	creativo/a	creative	12	destruir	to destroy	1	emotivo/a	emotive
4	crédito, el	credit/loan	12	detestar	to detest	9	empezar	to begin
4	creer	to believe	6	devolver	to return	8	enamorado/a	in love
2	cruzar	to cross	1	día, el	day	3	encantador	charming
5	cuaderno, el	notebook	2	diálogo, el	dialogue	6	encantar	to charm
1	cuál/les	which (one/s)?	7	diario/a	daily	10	enciclopedia, la	encyclopaedia
10	cualidad, la	quality	2	dibujo, el	drawing	3	encontrar(se)	to meet someone
3	cuánto/a	how much/many?	6	diccionario, el	dictionary	6	encuentro, el	meeting
1	cuarto/a	fourth	3	diciembre	December	8	energético/a	energetic
12	cubo, el	bucket	10	diferente	different	12	energía, la	energy
*	balde, el		4	difícil	difficult	3	enero	January
5	cuello, el	neck	10	dignamente	with dignity/appropriately	7	enfadar(se)	to get angry
10	cuidado, el	care	1	dinero, el	money	*	enojar(se)	
1	cuidar	to care/look after	*	plata, la		10	enfermedad, la	illness
1	cultura, la	culture	3	diplomático/a	diplomatic	2	enfermo/a	ill
3	cumpleaños, el	birthday	2	dirección, la	address/direction	7	enganchar(se)	to get hooked up/catch
1	curso, el	course	3	director/ra, el, la	director	3	¡enhorabuena!	congratulations!
12	cuyo	whose	4	dirigir(se)	to go to/speak to	3	enhorabuena, la	congratulations
			3	disciplinado/a	disciplined	2	enseñanza, la	teaching/education
	D		5	disco, el	record	6	entender	to understand
9	dar	to give	7	disco compacto, el	compact disc	2	entonces	then
1	datos, los	data	5	discoteca, la	discothèque	3	entrada, la	entry
11	deber	to have to	10	discriminación, la	discrimination	11	entrar	to enter
3	deberes, los	homework	11	disculpa, la	apology	3	entregar	to deliver
7	década, la	decade	6	disculpar	to apologise	3	entrenador/a, el, la	trainer/coach
2	decidir	to decide	11	discutir	to argue	10	entrevista, la	interview
1	decir	to say	12	diseñar	to design	4	enviar	to send
3	declaración	declaration/statement	8	diseño, el	design	12	envuelto/a	wrapped
11	declarar	to declare	12	disfraz, el	disguise	3	equilibrado/a	balanced
7	dedicar(se)	to be devoted to	5	disquete, el	diskette	12	equilibrio, el	balance
12	defensa, la	defence	10	distribución, la	distribution	9	equipaje, el	luggage
12	degradar	to degrade	2	divertir(se)	to enjoy (oneself)	6	equipo, el	team
3	dejar	to leave/let	4	doctor, el	doctor	6	escáner, el	scanner
1	deletrear	to spell	9	documento, el	document	5	escaparate, el	shop window
4	demasiado/a	too	10	doler	to hurt	*	vidriera, la	
7	dentista, el	dentist	2	domicilio, el	adress	3	Escorpió	Scorpio
4	deporte, el	sports	2	domingo, el	Sunday	3	escribir	to write
4	deportivo/a	sportive	1	dónde	where	1	escuchar	to listen
2	derecha, la	right	4	dormir	to sleep	2	escuela, la	school
10	desarrollar	to develop	8	duchar(se)	to have a shower	7	espacio, el	space
10	desarrollo, el	development	3	duda, la	doubt	10	espalda, la	back/shoulders
12	desastre, el	disaster	4	durante	during	4	español, el	Spanish
8	desayunar	to have breakfast	9	durar	to last	5	especial	special
8	desayuno, el	breakfast	11	duro/a	hard	10	espectáculo, el	spectacle/show
9	descansar	to rest				4	esperar	to wait/hope
10	descanso, el	rest		**E**		11	esplendor, el	splendour
7	descenso, el	drop/descent	2	echar	to throw	7	esquiar	to ski
4	descolgar	to unhook	*	botar		2	esquina, la	corner
6	desconocer	to not know	12	ecologista	ecologist	8	esquís, los	skis
1	desconocido/a, el, la	stranger	12	economía, la	economy	12	estabilizar	to stabilise
3	describir	to describe	3	edad, la	age	2	establecer	to establish
1	descripción, la	description	2	edificio, el	building	2	estación, la	station
8	descubrir	to discover	2	educación, la	education	2	estadio, el	stadium
						*	cancha, la	

12	estancia, la	stay	11	flan, el	crème caramel	7	guerra, la	war
5	estanco, el	tobacconist's	10	flauta, la	flute	11	guía, la	guide
*	tabaquería, la		1	flor, la	flower	7	guitarra, la	guitar
2	estar	to be	12	folleto, el	leaflet	3	gustar	to like
12	estar de acuerdo	to agree	2	fondo, el	background	5	gusto, el	taste
3	estatura, la	height	5	forma, la	form/shape			
3	estilo, el	style	10	formación, la	training		**H**	
1	estrella, la	star	6	formal	formal	2	haber	to have
10	estrenar	to show for the first time	1	fortaleza, la	fortress	5	hábito, el	habit
			12	fósil, el	fossil	4	habitual	habitual
11	estudiante, el, la	student	9	foto, la	photograph	1	hablar	to speak
2	estudiar	to study	11	fotocopia, la	photocopy	2	hacer	to do/make
7	estudio, el	study	2	fotocopiadora, la	photocopier	12	hacer caso	to pay attention
1	estupendo/a	wonderful	8	fotocopiar	to photocopy	6	hambre, el	hunger
2	etapa, la	stage	1	fotografía, la	photograph	6	hamburguesa, la	hamburger
2	ética, la	ethics	1	francés/a	French	7	helado, el	ice cream
5	euro, el	euro	3	frasco, el	jar	3	hermano/a, el, la	brother/sister
7	evitar	to avoid	7	frente	front	8	héroe, el	hero
11	exactamente	exactly	2	fresa, la	strawberry	12	hielo, el	ice
8	examen, el	exam	5	frito/a	fried	1	higiene, la	hygiene
12	excesivo/a	excessive	2	fruta, la	fruit	8	hijo/a, el ,la	son/daughter
4	excursión, la	excursion	2	frutería, la	fruit shop	1	hispánico/a	Hispanic
6	excusa, la	excuse	5	fucsia	fuchsia	12	historia, la	history/story
3	exigente	demanding	12	fuente, la	fountain	1	hoja, la	sheet/leaf
2	existencia, la	existence	7	fuera	outside	1	hombre, el	man
11	éxito, el	success	6	fumador/a, el, la	smoker	11	honrar	to honour
8	experiencia, la	experience	6	fumar	to smoke	2	hora, la	time/hour
2	explicación, la	explanation	4	función, la	performance	5	horario, el	timetable
12	explotación, la	exploitation	10	funcionar	to work	7	horóscopo, el	horoscope
2	exposición, la	exhibition	10	fundamental	fundamental	2	hospital, el	hospital
1	expresar	to express	2	fútbol, el	football	8	hospitalizado/a	hospitalised
1	extranjero/a	foreigner	2	futuro, el	future	2	hotel, el	hotel
11	extraordinario/a	extraordinary	12	futuro/a	future	2	hoy	today
						3	hueso, el	bone
	F			**G**		10	huir	to flee
4	fácil	easy	3	gafas, las	glasses	12	humano/a	human
5	falda, la	skirt	*	lentes, las		7	humor, el	humour
*	pollera, la		7	galáctico/a	galactic			
10	falta, la	lack/fault	2	ganar	to win		**I**	
2	familia, la	family	5	ganga, la	bargain	1	idea, la	idea
7	familiar	familiar	12	gas, el	gas	11	identidad, la	identity
1	famoso/a	famous	5	gastar(se)	to wear out, waste	3	identificar	to identify
2	farmacia, la	chemist's	1	gasto, el	expense	1	idioma, el	language
6	fastidiar	to annoy	7	gato, el	cat	8	ídolo, el	idol
6	fastidio, el	annoyance	3	Géminis	Gemini	2	iglesia, la	church
*	friega, la		8	general	general	1	ignorancia, la	ignorance
6	favorito/a	favourite	3	generoso	generous	3	igual	equal
3	febrero	February	1	genial	brilliant	3	imaginativo/a	imaginative
5	fecha, la	date	1	gente, la	people	7	importante	important
1	felicidad, la	happiness	9	gigante	gigantic	9	impreso, el	printout
3	felicidades	best wishes	2	gimnasia rítmica, la	eurhythmics	6	impresora, la	printer
3	felicitar	to congratulate	2	gimnasia, la	gymnastics	10	imprimir	to print
1	femenino, el	feminine	12	gimnasio, el	gymnasium	9	incluir	to include
11	fenomenal	phenomenal	11	gira, la	tour/trip	12	incontrolado/a	uncontrolled
3	feo/a	ugly	*	reforrida, la		4	incorrecto/a	incorrect
9	fiar(se)	to trust	12	gitano/a, el, la	gypsy	8	increíble	incredible
5	fibra, la	fibre	12	globo, el	globe	3	indeciso/a	indecisive
4	fiebre, la	fever	9	gótico/a	gothic	7	independencia, la	independence
3	fiesta, la	party	1	gracias, las	thanks	1	indicación, la	indication
3	fijar(se)	to notice	2	gramática, la	grammar	2	indicar	to indicate
5	fila, la	row	5	granate	deep-red	3	individualista	individualist
4	fin, el	end	5	grande	large	3	inestable	unstable
2	final, el	end/final	2	grandes almacenes, los	department stores	10	infancia, la	childhood/infancy
6	finalidad, la	purpose, intention				12	influir	to influence
5	finalizar	to finish	7	grasa, la	fat	4	información, la	information
2	finalmente	finally	5	gris	grey	1	informal	informal
12	física, la	physics	3	grupo, el	group	2	informática, la	computers
12	flamenco, el	flamenco	3	guapo/a	beautiful/handsome	12	ingeniería, la	engineering
						1	ingenioso/a	ingenious

1	inglés/a	English	3	Leo	Leo	12	masivo/a	massive
11	iniciar	to start	6	letra, la	letter	7	matar	to kill
10	injusticia, la	injustice	8	levantar(se)	to get up	2	matemáticas, las	mathematics
9	inseparable	inseparable	*	parar(se)		7	matricular(se)	to register
12	insistencia, la	insistence	1	libertad, la	freedom	3	mayo	May
1	instituto, el	institute/second school	3	Libra	Libra	10	mayor	greater/larger
			8	libre	free	9	mayoría, la	majority
1	inteligente	intelligent	2	librería, la	bookshop	3	mechas, las	highlights
10	intención, la	intention	6	libreta, la	notebook	3	mediano/a	medium-sized/middle
10	intentar	to try	2	libro, el	book			
6	intercambiar	to exchange	12	licenciado/a	graduate	12	medicina, la	medicine
1	interculturalidad, la	interculturality	3	ligar	to pick up	2	medicinas, las	medicine
9	interés, el	interest	1	limpieza, la	cleanliness	10	médico, el	doctor
9	interesar(se)	to take interest in	2	línea, la	line	7	medio, el	middle, means
1	interior	interior	11	linterna, la	lantern	3	medio/a	half/average
8	interlocutor, el	intermediary	8	listo/a	ready	4	mejor	better
12	internacional	international	8	litro, el	litre	4	mejorar(se)	to improve/get better
11	interrumpido/a	interrupted	4	llamada, la	call			
12	íntimo/a	intimate	1	llamar	to call	3	melena, la	long hair
1	introducir	to introduce	8	llave, la	key	6	memoria, la	memory
12	inundación, la	flood	2	llegar	to arrive	9	menor	smaller/lower
12	invernadero, el	greenhouse	*	arribar		5	menos	less
5	invierno, el	winter	10	lleno/a	full	4	mensaje, el	message
3	invitado/a, el, la	guest	3	llevar	to take	9	mensual	monthly
3	invitar	to invite	8	llorar	to cry	11	mentir	to lie
1	ir	to go	9	llover	to rain	12	menú, el	menu
11	ir a pie	to walk	12	local	local	2	mercado, el	market
3	irritable	irritable	3	loco/a	mad/crazy	9	mes, el	month
11	itinerario, el	itinerary	5	lotería, la	lottery	6	mesa, la	table
2	izquierda, la	left	2	luego	then	6	metro, el	metro
			2	lugar, el	place	1	mexicano/a	Mexican
	J		2	lunes, el	Monday	2	mezquita, la	mosque
1	japonés/a	Japanese				2	miércoles, el	Wednesday
3	jefe, el	boss		**M**		7	milenio, el	millennium
5	jersey, el	jumper	1	madre, la	mother	8	millonario/a	millionaire
*	pulóver, el		*	mamá, la		3	minifalda, la	miniskirt
1	jóven, el, la	young person	3	majo/a	nice, attractive	7	mínimo/a	minimum
3	jubilación, la	retirement	12	mal, el	evil	1	mirar	to look
5	juego de mesa, el	table game	10	malaria, la	malaria	12	misil, el	missile
6	juego, el	game	3	maleducado/a	rude	7	mismo/a	same
2	jueves, el	Thursday	8	maleta, la	suitcase	5	mochila, la	rucksack
7	jugar	to play	3	malo/a	bad	5	moda, la	fashion
5	juguete, el	toy	9	mandar	to send/ be in charge	1	modelo, el, la	model
3	julio	July				6	módem, el	modem
3	junio	June	11	mando, el	command/control	3	moderado/a	moderate
7	juntar(se)	to meet	4	manera, la	way	3	moderno/a	modern
3	juntos/as	together	12	manguera, la	hose	4	momento, el	moment
10	justo/a	just	7	manifestar	to show	2	montaña, la	mountain
4	juvenil	youthful	6	mantener	to maintain	8	montar	to mount
7	juventud, la	youth	8	mantequilla, la	butter	8	montón, el	pile
			1	manuscrito, el	manuscript	5	morado/a	purple
	K		2	manzana, la	apple	3	moreno/a	brown
2	kárate, el	karate	2	mañana	tomorrow	8	morir	to die
			11	mapa, el	map	9	mostrador, el	counter
	L		1	maqueta, la	model	3	mostrar	to show
7	laboral	labour	5	maquillaje, el	make-up	12	moto, la	motorcycle
2	laboratorio, el	laboratory	7	mar, el	sea	7	movida, la	move
2	lado, el	side	10	maravilla, la	wonder	1	móvil, el	mobile (telephone)
8	lago, el	lake	5	marca, la	mark/brand			
6	lápiz, el	pencil	4	marcar	to mark/dial (telephone)	*	celular, el	
3	largo/a	long				1	mucho/a	much/many
4	lata, la	tin	5	marchar	to march	8	muerto/a	dead
6	lavadora, la	washing machine	9	marido, el	husband	1	mujer, la	woman
12	lavar	to wash	3	marrón	chestnut, brown	5	multicines, los	multi-screen cinema
1	leal	loyal	2	martes, el	Tuesday			
6	leche, la	milk	3	marzo	March	1	multicultural	multicultural
2	leer	to read	7	mascota, la	pet animal	1	multilingüe	multilingual
1	lengua, la	tongue	1	masculino, el	masculine	12	mundial	worldwide

1	mundo, el	world
5	muñeco/a, el, la	puppet/doll
2	museo, el	museum
2	música, la	music
8	musical, el	musical

N

1	nacer	to be born
1	nacionalidad, la	nationality
1	nada	nothing
2	nadar	to swim
5	naranja, la	orange
9	narrar	to narrate/tell a story
4	natural	natural
12	naturaleza, la	nature
4	navegar	to navigate/sail
8	Navidad, la	Christmas
11	necesario/a	necessary
2	necesitar	to need
3	negro/a	black
9	nervioso/a	nervous
1	niño/a, el, la	child/boy/girl
8	nivel, el	level
1	noche, la	night
1	nombre, el	name
5	normal	normal
1	norte, el	north
1	nota, la	note
3	notable	noteworthy/very good
3	noviembre	November
3	novio/a, el, la	boyfriend/girlfriend
1	nuevo/a	new
1	número, el	number
8	nunca	never

O

12	objetivo, el	objective
2	objeto, el	object
9	obligación, la	obligation
2	obligatorio/a	obligatory
2	obra, la	work
1	obtener	to obtain
12	océano, el	ocean
5	ocio, el	leisure
3	octubre	October
9	ocurrir	to happen
5	oferta, la	offer
11	oficial	official
2	oficina, la	office
1	oír	to hear
3	ojo, el	eye
9	olvidar	to forget
3	ondulado/a	wavy/uneven
6	operativo	operative
7	opinión, la	opinion
3	ordenado/a	tidy/organised
6	ordenador portátil, el	portable computer
6	ordenador, el	computer
*	computadora, la	
10	organización, la	organisation
6	organizar	to organise
9	oriental	eastern/oriental
1	origen, el	origin
3	original	original
5	oro, el	gold
1	otro/a	other

P

1	padre, el	father
*	papá, el	
4	paga, la	pocket money
5	pagar	to pay
12	página, la	page
1	país, el	country
2	palabra, la	word
9	panda, la	mates/gang
8	pantalla, la	screen
5	pantalón, el	trousers
4	papel, el	paper
11	papel higiénico, el	toilet paper
9	papelera, la	wastepaper bin
5	paquete, el	packet
2	parada, la	bus stop
9	paraguas, el	umbrella
*	sombrilla, la	
11	parar	to stop
4	parecer	to seem
4	pareja, la	couple/pair
2	parque, el	park
2	parque acuático, el	aqua park
2	parque de atracciones, el	amusement park
2	parque zoológico, el	zoo
4	parte, la	part
10	participar	to participate
2	partido, el	match
7	partido de fútbol, el	football match
9	pasado, el	past
4	pasar	to pass
2	pasear	to stroll
6	paseo, el	stroll
2	pastel, el	cake
2	pastelería, la	cakeshop
7	pastilla, la	pill
5	patata, la	potato
*	papa, la	
5	patatas fritas, las	fried potatoes
8	patín, el	skate board
12	patinar	to skate
7	patio, el	patio
1	pausa, la	pause
10	paz, la	peace
3	pedir	to ask
2	película, la	film
12	peligro, el	danger
3	pelirrojo/a	red-haired
3	pelo, el	hair
5	peluche, el	cuddly toy
8	peluquería, la	hairdresser's
11	pena, la	grief/pain/pity
3	pendiente, el	ear ring
*	arete, el	
3	pensar	to think
5	pequeño/a	small
7	perder(se)	to get lost
1	perdonar	to forgive
3	perezoso/a	lazy
7	perfecto	perfect
5	perfume, el	perfume
3	perilla, la	goatee
6	periódico, el	newspaper
12	periodismo, el	journalism
6	permiso, el	licence/permit
10	permitir	to allow
6	perro, el	dog
1	persona, la	person
1	personaje, el	character
1	personal	personal
7	pertenecer	to belong
11	pesadilla, la	nightmare
6	pesado/a	heavy
2	pescadería, la	fishmonger
2	pescado, el	fish
7	petición, la	request
12	petróleo, el	petrol
9	pez, el	fish
10	pianista	pianist
1	picante	spicy
11	pie, el	foot
11	piedra, la	stone
12	piel, la	skin
12	pierna, la	leg
7	píldora, la	pill
11	pino, el	pine
5	pintado/a	painted
2	pintura, la	paint
2	piscina, la	swimming pool
*	alberca, la; pileta, la	
3	Piscis	Pisces
3	pizarra, la	blackboard
4	plan, el	plan
12	planeta, el	planet
2	plano, el	map
2	planta, la	plant/floor
4	plástico, el	plastic
3	plata, la	silver
8	plátano, el	banana
4	plato, el	dish
9	playa, la	beach
2	plaza, la	square
1	plural, el	plural
10	población, la	population
12	pobre	poor
*	bruja	
10	pobreza, la	poverty
1	poco/a	little
1	poder	to be able
12	poder, el	power
12	policía, la	police
10	político/a, el, la	politician
4	poner(se)	to become
3	popular	popular
5	posible	possible
7	positivo/a	positive
2	práctica, la	practice
6	practicar	to practise
2	prácticas, las	practicals
1	práctico/a	practical
5	precio, el	price
2	preferir	to prefer
2	pregunta, la	question
2	preguntar	to ask
9	premio, el	prize
2	prensa, la	press/newspapers
6	preocupar(se)	to be worried
4	preparar	to prepare
*	alistar	
1	presentación, la	presentation/introductions
1	presentar	to present/introduce
2	presentar(se)	to introduce oneself

1	presente, el	present	8	reciente	recent	11	saco de dormir, el	sleeping bag
12	presionar	to presh	*	recién		3	Sagitario	Sagittarius
6	prestar	to lend	9	reclamación, la	claim	9	sala de espera, la	waiting room
12	presupuesto, el	budget/estimate	2	recoger	to collect	2	sala, la	room
1	primero/a	first	*	levantar		6	salario, el	wage/salary
12	primo/a, el, la	cousin	12	recomendar	to recommend	4	salir	to go out/leave
8	prisa, la	hurry/urgency	9	recordar	to remember	*	largar	
*	apuro, el		11	recorrer	to go over/across	3	salón, el	living room
9	privado/a	private	11	recorrido, el	route/journey	2	salón de actos, el	meeting room
6	probar	to try/test	2	recreo, el	break	11	saltar	to jump
8	problema, el	problem	2	recto/a	straight	10	salud, la	health (person)
12	producido/a	produced	10	recuerdo, el	memory	1	saludar	to welcome
12	producto, el	product	10	recurso, el	resources/recourse	12	sanidad, la	health (service)
10	profesional	professional	10	redacción, la	composition	12	santuario, el	sanctuary
3	profesor/a, el, la	teacher	8	regalar	to give (a gift)	10	sarampión, el	measles
12	prohibir	to prohibit	3	regalo, el	present/gift	1	secretaría, la	office
8	prometer	to promise	8	regar	to water	1	secretario/a, el, la	secretary
6	pronto	soon	6	regla, la	ruler	2	secundario/a	secondary
2	pronunciación, la	pronunciation	9	regresar	to return	5	seda, la	silk
1	pronunciar	to pronounce	4	regular	to regulate	2	seguir	to follow
7	proponer	to suggest/propose	12	relación, la	relationship	1	segundo/a	second
			1	relacionar	to relate	7	seguro, el	insurance
12	propuesta, la	suggestion/proposal	9	relatar	to tell/report	3	seguro/a	safe
			11	relato, el	story/tale	4	seleccionar	to select
11	protección, la	protection	10	religión, la	religion	5	sello, el	stamp
11	provincia, la	province	11	religioso/a	religious	*	estampilla, la	
1	próximo/a	next	9	rellenar	to fill	11	semáforo, el	traffic lights
2	proyecto, el	project	3	reloj, el	watch	2	semana, la	week
8	prueba, la	test/evidence	10	repartidor, el	delivery person	4	semanal	weekly
12	psicología, la	psychology	1	repetir	to repeat	5	sencillo/a	simple
12	publicidad, la	advertising	12	republicano/a	Republican	3	sensible	sensitive
6	público, el	public	9	rescatar	to rescue	11	sentado/a	seated
2	público/a	public	4	reservar	to reserve	1	sentido, el	sense
11	pueblo, el	village/town	4	resfriado/a	(have) a cold	1	sentimental	sentimental
6	puerta, la	door	*	resfrío		1	sentir(se)	to feel
12	punto de vista, el	point of view	9	residencia, la	residence	4	señal, la	signal/sign
10	puntualidad, la	punctuality	8	resolver	to resolve	11	señalar	to signal/point out
	Q		10	respeto, el	respect	12	separado/a	separate
7	qué pasada	it's incredible!/wow!	4	responder	to respond	3	septiembre	September
4	quedar	to make a date	3	responsable	responsible	12	sequía, la	drought
1	querer	to want/love	2	restaurante, el	restaurant	1	ser	to be
6	queso, el	cheese	9	resto, el	rest	3	serio/a	serious
3	quien	who	8	resultar	to result	2	servicio, el	toilet
12	química, la	chemistry	7	reunir(se)	to meet	*	baño, el	
1	quinto/a	fifth	5	revista, la	magazine	7	servicios, los	services
2	quiosco, el	newsstand/kiosk	2	rezar	to pray	4	servilleta, la	napkin/serviette
6	quitar	to take off	4	rico/a	rich	2	setas, las	mushrooms
9	quizá	perhaps	12	riesgo, el	risk	10	sexo, el	sex
			12	río, el	river	6	siempre	always
	R		10	rítmico/a	rhythmic	9	siglo, el	century
5	ración, la	portion	3	rizado/a	curly	1	significado, el	meaning
7	radio, la	radio	9	robar	to steal	1	significar	to mean
5	ramo (de flores), el	bunch	*	afanar		3	signo, el	sign
1	rasgo, el	feature	11	roble, el	oak	11	siguiente	following
2	Rastro, el	flea market	5	rojo/a	red	12	silla de ruedas, la	wheelchair
6	rato, el	while/(short)time	3	rollo (ser un)	to be boring	3	simpático/a	nice
10	raza, la	race/breed	12	romántico/a	romantic	*	macanudo/a	
10	razón, la	reason	8	romper	to break	1	simular	to simulate
3	realista	realistic	4	ropa, la	clothes	2	sinagoga, la	synagogue
9	realizar	to realise/perform	6	rotulador, el	felt pen	3	sincero/a	sincere/honest
5	rebajas, las	sales	3	rubio/a	blond	1	singular, el	singular
3	rebelde	rebellious	3	ruido, el	noise	2	sistema, el	system
7	rebeldía, la	defiance	9	rumbo, el	direction	8	sitio, el	place
4	receta, la	recipe		**S**		6	situación, la	situation
7	rechazar	to reject	2	sábado, el	Saturday	2	sobre, el	envelope
4	recibir	to receive	1	saber	to know	3	sobresaliente	excellent
			6	sacar	to take out	10	sobrevivir	to survive

9	social	social	8	temprano	early	10	valoración, la	valuation/assessment
1	sociedad, la	society	1	tener	to have	3	vals, el	waltz
10	socorrista, el, la	lifeguard	2	tenis, el	tennis	3	vaqueros, los	jeans
1	sol, el	sun	1	tercero/a	third	1	varios/as	several
12	soldado, el	soldier	8	terror, el	terror	4	vaso, el	glass
1	soler	to be accustomed to/used to	2	tiempo, el	time/weather	1	veloz	fast
9	solicitar	to request	5	tienda, la	shop	3	venir	to come
10	solicitud, la	request/application form	3	tímido/a	timid/shy	12	venta, la	sale
10	solidaridad, la	solidarity	3	tío/a, el, la	uncle/aunt/ col. mate/guy/man	6	ventana, la	window
7	solidario/a	supportive	4	típico/a	typical	2	ver	to see
2	solo/a	lonely/alone	3	tipo, el	type	1	verano, el	summer
11	sombrero, el	hat	12	titular, el	holder	1	verbo, el	verb
4	sonar	to sound/ring	12	título, el	title	1	verdad, la	truth
9	sonido, el	sound	11	toalla, la	towel	3	verde	green
3	soñador/a	dreamer/dreamy	4	tocar	to touch/play (instrument)	12	vertido, el	rubbish tip
12	soñar	to dream	4	todavía	still	1	vez	time/turn
10	sopa, la	soup	2	todo/a	all	2	vía, la	road
9	sorprender	to surprise	7	tolerancia, la	tolerance	1	viajar	to travel
7	sorpresa, la	surprise	7	tolerante	tolerant	2	viaje, el	trip/journey
2	subir	to go up	1	tomar	to take	3	viceversa	vice-versa
6	subrayar	to underline	3	tonto/a	stupid	5	vida, la	life
10	subvención, la	subsidy	7	toque, el	touch	7	vídeo, el	video
11	suceder	to happen	2	torcer	to twist	*	video, el	
8	sucio/a	dirty	10	torero, el	bullfighter	5	vídeo juego, el	videogame
*	chorreado/a		5	total	total	1	viento, el	wind
11	sueño, el	dream	12	tóxico/a	toxic	2	viernes, el	Friday
3	suerte, la	luck	3	trabajador/a	hardworking	9	vigilancia, la	watchfulness/vigilance
8	suficiente	enough/sufficient	1	trabajar	to work	8	violencia, la	violence
10	sufrir	to suffer	2	trabajo, el	work	12	violín, el	violin
12	sugerente	suggestive	11	tradición, la	tradition	3	Virgo	Virgo
5	sujetador, el	bra	6	traer	to bring	9	visitar	to visit
*	corpiño, el		10	tráfico, el	traffic	6	vistazo, el	look/glance
2	supermercado, el	supermarket	3	traje, el	suit	1	vivir	to live
11	suponer	to suppose	9	tranquilizar	to calm down	1	vocal, la	vowel
1	sur, el	south	3	tranquilo/a	calm	10	volcán, el	volcano
7	suspender	to fail (exam)	5	transporte, el	transport	6	volumen, el	volume
12	sustancia, la	substance	5	tren, el	train	7	voluntariado, el	volunteer
11	susto, el	fright	8	trimestre, el	quarter	10	voluntario/a	voluntary
			11	triste	sad	4	volver	to return/turn
	T		1	tristeza, la	sadness	*	voltear	
5	tabaco, el	tobacco	10	triunfar	to succeed	1	vosotros/as	you
3	tacaño/a	mean	11	tumba, la	tomb	9	vuelo, el	flight
5	talla, la	size				7	vuelta, la	turn/round/return/change
2	también	also		**U**				
9	tampoco	neither	2	último/a	last/latest			
4	tango, el	tango	8	único/a	unique/single		**Z**	
12	tapar	to cover	1	unidad, la	unit	5	zapatilla, la	slipper
4	taquilla, la	ticket office	10	uniforme, el	uniform	5	zapato, el	shoe
*	boletería, la		12	universitario/a	university/academic	6	zona, la	area/zone
9	tardar	to be late	5	uñas, las	nails (finger or toe)			
2	tarde	late	10	urgentemente	urgently			
1	tarde, la	afternoon/evening	12	usar	to use			
4	tarjeta, la	card	12	uso, el	use			
5	tarjeta de crédito, la	credit card	12	utilización, la	use			
5	tatuaje, el	tattoo	1	utilizar	to use			
3	Tauro	Taurus	9	uva, la	grape			
6	taxi, el	taxi						
2	teatro, el	theatre		**V**				
10	tebeo, el	children's comic	7	vacaciones, las	holiday(s)			
10	techo, el	ceiling	12	vacío/a	empty			
12	técnico, el	technician	9	vacuna, la	vaccine			
1	teléfono, el	telephone	1	vale	OK			
4	teléfono móvil, el	mobile telephone	8	valer	to be worth			
7	televisión, la	television	1	valiente	brave			
10	temporada, la	season						
10	temporal	temporary						